RWE

ESSEN

Kulturhauptstadt Europas

European Capital of Culture · Capitale Culturelle de l'Europe

Kultur pur: Das Essener Schauspielhaus hat nicht nur eine lange Tradition – es erobert sich ein neues Revier-Publikum.

Culture galore: the Essen Schauspielhaus prides itself on a long-standing tradition, but it has also attracted new audiences.

La culture à l'état pur : le théâtre de Essen ne s'enorgueillit pas seulement d'une longue tradition – il conquiert en outre un nouveau public.

ESSEN

Kulturhauptstadt Europas

European Capital of Culture · Capitale Culturelle de l'Europe

Wulf Mämpel · Valeska Ehlert · Frank Vinken · Corneel Voigt

Verlag Beleke GmbH

Inhalt / Contents / Contenu

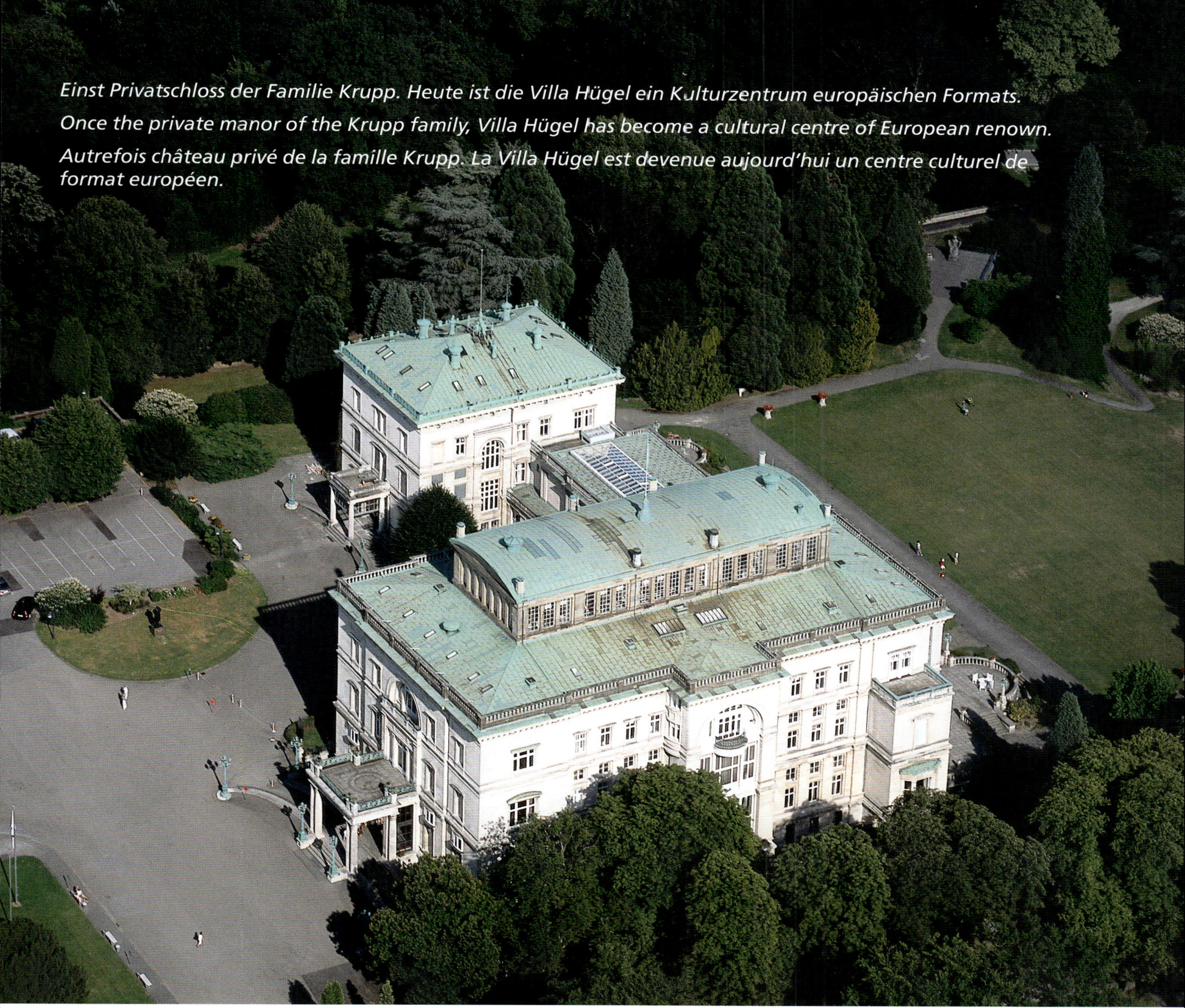

Einst Privatschloss der Familie Krupp. Heute ist die Villa Hügel ein Kulturzentrum europäischen Formats.
Once the private manor of the Krupp family, Villa Hügel has become a cultural centre of European renown.
Autrefois château privé de la famille Krupp. La Villa Hügel est devenue aujourd'hui un centre culturel de format européen.

Herausgeber: Norbert Beleke

Konzeption und Text: Wulf Mämpel
Kapiteltexte S. 90-158: Valeska Ehlert
Fotos: Frank Vinken · Corneel Voigt
Peter Wieler (EMG): S. 22/23, 40 (2), 42 (2), 48, 51, 72o, 87, 88/89, 94, 101, 116, 148, 153

Übersetzung: St. Clair Consulting
Lektorat und Projektleitung: Thomas Sliepen
Grafische Gestaltung und Gesamtherstellung: Verlagsgruppe Beleke

Verlagsgruppe: Verlag Beleke GmbH, Essen, Dortmund, Düsseldorf, Lübeck, Wiesbaden
NOBEL-Verlag GmbH, Essen – DAS RATHAUS Verlagsges. mbH, Essen
SCHMIDT-RÖMHILD – Deutschlands ältestes Verlags- und Druckhaus seit 1579 – Lübeck, Berlin, Essen, Wiesbaden
HANSISCHES VERLAGSKONTOR GmbH, Lübeck
SCHMIDT-RÖMHILD Verlagsgesellschaft mbH Leipzig, Rostock, Schwerin
WENDLER-VERLAG eK, Aachen · ELVIKOM Film-Verlag GmbH, Essen · ntv neue television FILM-TV-PRODUKTION GmbH, Essen
www.beleke.de

ISBN-10: 3-8215-0538-9 · ISBN-13: 978-3-8215-0538-1

Wo das Herz der Region schlägt

Essen – die Metropole des Ruhrgebiets

Das Signet: Essen für das Ruhrgebiet – die Kulturhauptstadt Europas im Jahre 2010.

A jewel in the crown: Essen for the Ruhrgebiet, European Capital of Culture in 2010!

Le signet : Essen pour la région de la Ruhr – la capitale culturelle de l'Europe en l'an 2010.

Das wirtschaftliche und kulturelle Herz der Metropolregion Ruhrgebiet schlägt in Essen. Hier haben zwölf der einhundert umsatzstärksten Unternehmen Deutschlands ihren Hauptsitz. Hier arbeiten für das Ruhrgebiet bedeutende zentrale Organisationen wie der Regionalverband Ruhr, die Emschergenossenschaft, der TÜV, das Rheinisch-Westfälische Institut für Wirtschaftsforschung oder der Ruhrverband.

Essen ist aber auch Kulturstadt, Universitätsstadt, Stadt der Energie, Medizinhochburg mit über 30.000 Beschäftigten allein in diesem Dienstleistungsbereich. Essen ist Messestadt mit zwei Millionen Besuchern pro Jahr, Bischofsstadt, Freizeitzentrum, Heimat des Weltkulturerbes Zollverein. Sie ist eine grüne Stadt mit vielen hervorragenden Wohngebieten. Essen ist immer noch Einkaufsstadt mit 350.000 qm Verkaufsfläche. Essen ist – liebenswert geblieben, modern und historisch zugleich.

Der Strukturwandel ist nahezu abgeschlossen, obwohl es immer noch viel zu tun gibt und Visionen Realität werden. Die Quote der Beschäftigten im Dienstleistungsbereich liegt bei fast 80 Prozent und damit weit über dem Durchschnitt von NRW.

Zentrale Zukunftsprojekte sind das Weltkulturerbe Zollverein, wo auf dem großräumigen Gelände einer der bedeutendsten Standorte für Designwirtschaft entsteht. Doch auch die Essener City bietet zwei große Entwicklungspotenziale. So wird der Kruppsche Gürtel, einst das Zentrum der Deutschen Stahlindustrie, in den nächsten Jahren zu einem bedeutenden Gewerbe-, Wohn- und Freizeitgebiet verwandelt – auf 2,3 Millionen Quadratmetern und einem geschätzten Investitionsvolumen von gut zwei Milliarden Euro.

Bereits 2009 soll das neue Shopping-Center am Limbecker Platz täglich 50.000 Kunden auf 70.000 qm Verkaufsfläche anlocken: die Essener Antwort auf die drei die Stadt umgebenden Malls in Oberhausen, Mülheim und Bochum. 300 Millionen Euro wollen Karstadt und die ECE Projektentwicklungsgesellschaft dort investieren. Allein hier werden 2.000 Arbeitsplätze entstehen.

Zu diesen wirtschaftlichen Perspektiven gesellt sich geradezu ideal als Bindeglied die kulturelle Entwicklung. Denn Kultur ist kein Luxus, sie ist ein wichtiger Faktor für die Identität einer Region, sowohl nach innen wie nach außen. Das Ruhrgebiet als Region mit über fünf Millionen Menschen, in das mehr als eine Milliarde Euro Fördermittel der Europäischen Union geflossen sind, die

europäisch vernetzt und nach Paris und London der drittgrößte Ballungsraum ist, hat große Chancen, sich dem größer gewordenen Europa der 25 Mitgliedsstaaten zu präsentieren. Als eine Vorzeige-Region. Als Beispiel eines dynamischen Strukturwandels für andere Regionen, die diese gewaltige Aufgabe noch vor sich haben.

Die Zukunft Essens lebt davon, dass sich diese Region auch als eine solche versteht und entsprechend handelt. Internationale Investoren finden Moers, Waltrop oder Witten allein nicht sexy: Man kann sie aber sehr wohl für einen potenten, attraktiven Wirtschaftsraum gewinnen, der sich selbstbewusst präsentiert.

Auch Essen ist, wie das Ruhrgebiet selbst, immer für Überraschungen gut: mal aufgestiegen, dann wieder abgestiegen, sogar abgeschrieben und jetzt wieder voll da. Die Essener Biografie ist voll von diesen Berg- und Talfahrten. Das macht die Stadt so spannend. Hier ist nichts fertig, abgeschlossen, hier ist ein ständiger Prozess erkennbar, ein Wandel, sicher kein Stillstand. Hier machen sich Engagement und Gestaltungswille breit, nichts wird dem Zufall überlassen. Essen und das Ruhrgebiet – das ist mehr als eine ehemals von Kohle und Stahl geprägte Landschaft, wo Stadtgrenzen ihre Bedeutung verlieren. Die Essener haben sich längst den Kohlenstaub aus dem Gesicht gewaschen. Sie nehmen die Herausforderung an. Sie wollen sich behaupten im härter werdenden Konkurrenzkampf der Regionen und der anderen Metropolen.

Eine vernünftige Kooperation mit den Nachbarn ist auf einem guten Weg Zu dieser Aufgabe gehören starke Städte. Essen ist so eine starke Stadt, ein starkes Stück Ruhrgebiet. Hier ist nichts aufgesetzt. Hier wird auf Schau verzichtet, dabei ist Show wieder in: Im Colosseum hat das Phantom der Oper Einzug gehalten und lockt Tausende aus ganz Deutschland an die Ruhr.

Die Universität mausert sich, hier folgen Wissenschaftler dem Bergmann. Deutlicher kann Wandel nicht beschrieben werden. Und auf Zollverein staunen schon jetzt jährlich 500.000 Besucher über die erhabene Schönheit dieser Kathedrale des Industriezeitalters, die sich anschickt, neue Heimat für modernes Design zu werden.

Oberbürgermeister Wolfgang Reiniger (Bildmitte) freut sich über die EU-Jury-Empfehlung aus Brüssel: Essen wird als Bannerträger für das Ruhrgebiet Kulturhauptstadt.

Mayor Wolfgang Reiniger (centre) is delighted about the recommendation by the EU jury in Brussels – Essen becomes standard-bearer for the Ruhrgebiet – European Capital of Culture in 2010.

Le premier maire Wolfgang Reiniger (milieu) se réjouit de la recommandation formulée par le jury de l'Union Européenne à Bruxelles : Essen devient le porte-drapeau de la région de la Ruhr : c'est la capitale culturelle 2010.

The heartbeat of a region

Essen – Metropolis of the Ruhrgebiet

Essen provides the economic and cultural lifeblood for the entire metropolitan Ruhrgebiet, Germany's industrial heartland nestled around the River Ruhr. Indeed, twelve of the one hundred largest companies in Germany are headquartered here. Essen is also home to major organisations such as Regionalverband Ruhr, Emschergenossenschaft, TÜV, Rheinisch Westfälisches Institut für Wirtschaftsforschung and Ruhrverband.

Moreover, Essen has established itself as a city of culture, a centre of academia, a hub of the energy sector and a standard-bearer in the field of medicine – boasting more than 30,000 employees in these segments of the service industry. Attracting some two million visitors a year, Essen is also recognised as a centre of trade fairs and exhibitions. It is an episcopal seat and a major location for leisure and entertainment activities, as well as being home to Zollverein, a world heritage site. It is a city with a "green lung" and high-quality residential areas; a city with 350,000 sq. m. of retail floorspace. Indeed, Essen is all of this and more – it is an endearing city, combining the spirit of modernity with a sense of history.

The process of structural change has almost been completed and vision is gradually becoming reality – although there is still a lot to do. The proportion of service-sector employees is 80 per cent, significantly higher than the average figure for North Rhine-Westphalia.

One of the city's key projects for the future is centred around the world heritage site Zollverein, which is being transformed into a major centre for the media and design industry. Having said that, the city centre itself also boasts significant development projects. The first is the "Kruppsche Gürtel", the Krupp belt recognised as the hub of Germany's steel industry. Over the coming years, this area is to become a major commercial, residential and leisure district – 2.3 million square metres in size and attracting an estimated two billion euros in investments.

The second project involves the development of a new shopping centre near Limbecker Platz, offering 70,000 sq. m. of retail space and pulling in 50,000 shoppers a day.

It will be Essen's answer to the three mega-malls located in the neighbouring cities of Oberhausen, Mülheim and Bochum. Department store Karstadt and development agency ECE Projektentwicklungsgesellschaft are planning to invest 300 million euros in the project. The retail facility alone will create 2000 new jobs.

What is more, economic growth is accompanied by cultural dynamism. In Essen,

Highlight des modernen Essen: Die Spitze des RWE-Towers.

Highlight of modern Essen: the top of the RWE tower.

Un point-phare de la ville moderne de Essen : la pointe du gratte-ciel de RWE.

culture is not considered to be a luxury. Rather, it is viewed as an important facet of the region's identity, both in terms of how it sees itself and how it is perceived by others. The Ruhrgebiet, a region that boasts more than five million inhabitants and has attracted EU development funding of over one billion euros, a region that is integrated within a pan-European network and ranks third – behind London and Paris – in the list of Europe's largest conurbations, has been given the opportunity to showcase its diverse economic and cultural offerings to the expanding Europe of twenty-five member states. As a role model. As a paradigm of dynamic structural change and a source of inspiration for other regions wishing to pursue similar strategies.

The future of Essen is dependent on the impetus of the entire region. International investors are unlikely to find towns such as Moers, Waltrop or Witten particularly enticing. However, their appeal is much more apparent when one sees them in the context of a powerful and prosperous economic region that is brimming with confidence.

Essen, like the Ruhrgebiet itself, has been full of surprises: flying high at one moment, down in the dumps the next, even written off entirely, and now very much alive and kicking. Indeed, Essen's biography is something of a roller-coaster ride. And it is precisely this feature that makes the city so exciting. Here, nothing has been finished, completed, wrapped up. On the contrary, this is a place of dynamism, transition, forward momentum. Essen stands for commitment, dedication and determination. Here, nothing is left to chance. Essen and the Ruhrgebiet – they represent much more than a landscape dominated by coal and steel, a region in which city boundaries have faded into obscurity. The people of Essen have long since wiped the coal dust from their faces. They have taken up new challenges. They are determined to stand their ground in the increasingly fierce battle of the world's leading metropolitan regions.

A process of "neighbourly cooperation" is now well underway. This strategy includes powerful cities as an essential element. Essen is one of these high-performance players, a powerhouse of the Ruhrgebiet. Here, nothing is contrived; nothing is for show – although shows do take centre stage at some venues, e.g. Phantom of the Opera at the Colosseum, which attracts thousands of enthusiasts from all over Germany.

Then there is Essen University, which has established itself in the realm of academia. Mining has been superseded by science. The wind of change blowing through Essen can be felt everywhere. Zollverein colliery is a case in point: this cathedral of Germany's industrial revolution attracts 500,000 visitors each year and is soon to become a centre for modern design.

Stadtgeschichte spannend vermarktet: Der „Vogt" Thomas Glup als Stadterzähler.

The history of the city told by Thomas Glup.

L'histoire de la ville commercialisée de façon passionnante: Le « bailli » Thomas Glup en tant que conteur municipal.

La où bat le cœur de la région

Essen – la métropole de la Ruhr

Le cœur économique et culturel de la zone de conurbation qu'est la région de la Ruhr bat à Essen. Douze des cent entreprises qui réalisent le chiffre d'affaires le plus important de l'Allemagne ont ici leur siège principal. C'est ici que travaillent des organisations centrales d'une grande importance pour la région de la Ruhr telles que l'association régionale de la Ruhr (Regionalverband Ruhr), la coopérative Emschergenossenschaft, l'office de surveillance technique (Technischer Überwachungsverein – TÜV), l'institut de recherche économi-que Rheinisch Westfälisches Institut für Wirschaftsforschung ou bien encore l'association Ruhrverband.

Mais Essen, c'est également une ville culturelle, une ville universitaire, la cité de l'énergie, un haut-lieu de la médecine avec plus de 30.000 salariés dans ce seul domaine du secteur tertiaire. Essen est une ville de foires qui accueille plus de deux millions de visiteurs par an, une cité épiscopale, un centre de loisirs, la patrie du « Zollverein » qui compte dans le patrimoine culturel mondial. C'est une ville verte avec de nombreux quartiers résidentiels remarquables. Essen a conservé son titre de villes des achats avec 350 000 m2 de superficie commerciale. Essen est restée aimable, à la fois moderne et historique.

La mutation structurelle est pratiquement achevée bien qu'il reste encore beaucoup à faire pour que les visions deviennent réalité. La part des personnes travaillant dans le secteur tertiaire atteint presque 80 pour-cent et dépasse ainsi de loin la moyenne du land de Rhénanie du Nord-Westphalie.

Dans les projets d'avenir centraux, il convient de mentionner le « Zollverein » du patrimoine culturel mondial dans le cadre duquel l'un des sites importants de l'industrie du design est en train de naître. Mais la cité de Essen offre, elle aussi, deux grands potentiels de développement. La ceinture Krupp (« Kruppsche Gürtel »), autrefois le centre de la sidérurgie allemande, va se transformer au cours des prochaines années pour devenir un parc commercial, un quartier résidentiel et une zone de loisirs de grande envergure sur 2,3 millions de mètres carrés avec un volume d'investissements de plus de deux milliards d'euros. Dès 2009 le nouveau Shopping-Center sur la place Limbecker Platz doit attirer 50.000 clients par jour sur une superficie commerciale de 70.000 m2 : c'est la réponse de la municipalité de Essen aux trois centres commerciaux (« Malls ») qui entourent la ville à Oberhausen, Mülheim et Bochum. La société Karstadt et la société ECE Projektentwicklungsgesellschaft veulent y investir 300 millions d'euros. 2.000 emplois vont être créés sur ce seul emplacement.

A ces perspectives économiques s'ajoute de manière idéale, en tant que lien, le développement culturel. Car la culture n'est pas un luxe, elle est un facteur important pour l'identité d'une région, tant vers l'intérieur que vers l'extérieur. La Ruhr – en tant que région qui abrite plus de cinq millions d'individus, dans laquelle ont coulé des subventions de l'Union Européenne d'un montant excédant un milliard d'euros, qui est intégrée à un réseau européen et qui est, par sa taille, après Paris et Londres la troisième zone de concentration urbaine – a de grandes chances de pouvoir se présenter à l'Europe élargie des 25 états-membres. Comme une région-modèle. Comme un exemple de mutation structurelle dynamique pour d'autres régions qui ont encore devant elles cette tâche gigantesque.

L'avenir de Essen vit du fait que cette région se comprend comme telle et agit en conséquence. Des investisseurs internationaux ne trouvent pas que les sites de Moers, Waltrop ou Witten sont « sexy » à eux tout seuls : mais il est parfaitement possible de les convaincre en faveur d'un espace économique attrayant et performant qui se présente avec la conscience correspondante de sa valeur.

Essen est elle aussi, comme la Ruhr, toujours prête à nous réserver des surprises : elle connaît l'essor, puis le déclin, on n'y croit plus mais elle revient. La biographie de Essen est pleine de ces montagnes russes. C'est ce qui rend la ville si passionnante. Ici, rien n'est terminé, définitif, ici un processus constant est visible, une mutation, sûrement pas une stagnation. Ici l'engagement et la volonté de création s'affirment, rien n'est laissé au hasard. Essen et la région de la Ruhr – c'est plus qu'un paysage autrefois dominé par le charbon et l'acier où les limites entre les villes perdent leur importance. Il y longtemps déjà que les habitants de Essen ont essuyé sur leur visage la poussière de charbon. Ils relèvent le défi. Ils veulent tenir bon face à la lutte concurrentielle de plus en plus dure avec les régions et les autres métropoles.

Une coopération raisonnable avec les voisins est en bonne voie. Pour faire face à cette tâche, il faut également des municipalités fortes. Essen est une municipalité forte de ce type, une pièce puissante de la région de la Ruhr. Ici rien n'est artificiel. Ici on renonce à faire du genre mais le show revient à la mode : le « Fantôme de l'opéra » est venu s'installer au Colosseum et il attire des milliers de personnes, venues de toute l'Allemagne, sur les bords de la Ruhr.

L'université fait peau neuve : ici les chercheurs succèdent au mineur On ne saurait décrire plus clairement une mutation. Et au « Zollverein » 500.000 visiteurs s'étonnent déjà chaque année de la beauté éthérée de cette cathédrale de l'ère industrielle qui s'apprête à devenir la nouvelle patrie du design moderne.

Der Engel wacht über dem Bistum: Ewald Mataré schuf das Meisterwerk vor über 50 Jahren.

A guardian angel: this masterpiece was created by Ewald Mataré more than 50 years ago.

L'ange veille sur l'évêché : Ewald Mataré a créé ce chef d'œuvre il y a plus de 50 ans.

Eine Stadt verändert ihr Gesicht. Essen hat den Strukturwandel besonders rasant vorangetrieben. RAG und RWE haben hier ihre Firmensitze.

A city changes its face: Essen has undergone rapid structural changes.

RAG and RWE are headquartered here.

Une ville change de visage. Essen a fait progresser à grande vitesse la mutation structurelle. RAG et RWE entretiennent ici leur quartier général.

Der Dom auf dem Burgplatz. Wahrzeichen der Stadt und Quelle seit der Gründung von Stift und Stadt vor über 1.150 Jahren. Hier befindet sich das geistige Zentrum des Ruhrbistums.

The Dom in Burgplatz: symbol of Essen and origin of the foundation of the Stift and the town more than 1,150 years ago. It is home to the spiritual centre of the Ruhr diocese.

La cathédrale sur la place du château. Emblème et source de la ville depuis la fondation du couvent et de la cité il y a plus de 1.150 années. C'est ici que se trouve le centre spirituel de l'évêché de la Ruhr.

Essens Schatz: Die über 1.000 Jahre alte Goldene Madonna – die älteste Marienskulptur (Rundplastik) des christlichen Abendlandes.

Essen's treasure: the Golden Madonna is more than a 1,000 years old. It is the Occident's oldest known full sculpture of the Virgin Mary.

Le trésor de Essen : la Madone en or, « vieille » de plus de 1.000 ans – la sculpture (en ronde bosse) représentant la Vierge qui est la plus ancienne de l'occident chrétien.

Wahrzeichen der Neuzeit ist das „Weltkulturerbe Zollverein". Hier ist auch das Designzentrum des Landes NRW als Keimzelle kreativen Schaffens entstanden.

Zollverein has been inscribed on UNESCO's World Heritage list – it is a symbol of the modern age. This is where the design centre of North Rhine-Westphalia has been established – as the essence of creative prowess.

Le patrimoine culturel mondial « Weltkulturerbe Zollverein » est l'emblème des temps modernes. C'est ici également qu'est né le centre de design du land de Rhénanie du Nord-Westphalie en tant que cellule germinale du travail de création.

Einst von Tuchmachereien und Kammgarnspinnereien dominiert, ist Kettwig heute eine bevorzugte Wohn- und Gartenstadt in Essens Süden.

Once dominated by cloth manufacturing and worsted spinning plants, Kettwig has become a much sought-after residential area in the south of Essen.

Autrefois dominée par les draperies et les filatures du peigné, Kettwig est aujourd'hui appréciée en tant que ville-satellite et cité-jardin, au sud de Essen.

Mekka für die Kunstfreunde ist das weltberühmte Museum Folkwang, das mit herausragenden Ausstellungen Furore macht.

The world-renowned Folkwang Museum with its outstanding exhibitions is a real Mecca for art lovers.

Le musée Folkwang, célèbre dans le monde entier et qui fait fureur avec des expositions remarquables, constitue véritablement La Mecque des amateurs d'art.

Ein Opernhaus, das in Europa einen exzellenten Namen hat: Nach den genialen Plänen des berühmten Finnen Alvar Aalto entstand das zeitlos schöne Gebäude.

The Aalto Theater ranks among the finest opera houses in Europe. The magnificent

building is based on inspired designs by the renowned Finnish architect Alvar Aalto.

Un opéra qui jouit d'une excellente réputation en Europe : cet édifice d'une beauté intemporelle fut conçu d'après les plans géniaux du célèbre Finlandais Alvar Aalto.

Ein Juwel der Extraklasse ist die neue Essener Philharmonie im Saalbau. Hier geben sich die besten Orchester und Musiker der Welt ein Stelldichein.

The Philharmonie Essen is a true jewel in the crown of the Saalbau complex. Here, the

world's best orchestras and musicians deliver outstanding performances.

La nouvelle Philharmonie de Essen dans le « Saalbau » est un joyau incomparable. Les meilleurs orchestres et musiciens du monde s'y donnent rendez-vous.

26

Die Gruga ist die „grüne Lunge" Essens, der Central Park für jedermann. Das Hundertwasserhaus in Parknähe ist ein attraktiver Hort für die Eltern kranker Kinder.

The Gruga is the "green lung" of Essen, a central park which offers something for everyone. The

Hundertwasser House situated in close proximity offers peace and quiet for parents of sick children.

La « Gruga » est le poumon de verdure de Essen, le Central Park pour tout un chacun. La maison de Hundertwasser, non loin du parc, est un home attrayant pour les parents des enfants malades.

Essens legendäre Vergangenheit: Die Basilika aus der Zeit Karls des Großen – die Keimzelle Werdens und der ganzen Ruhrregion, wo heute die Folkwang Hochschule untergebracht ist.

A reminder of Essen's legendary past: the basilica dating back to the times of Charlemagne, nucleus of Werden and the entire Ruhr District. Today, it houses the Folkwang Hochschule.

Le passé légendaire de Essen : la basilique de l'époque de Charlemagne – la cellule germinale de Werden et de toute la région de la Ruhr qui héberge aujourd'hui l'école supérieure Folkwang.

Perle im Süden: Das Wasserschloss Hugenpoet – Nobelherberge und kulinarischer Tempel der Spitzenklasse.

A jewel in the crown: Hotel Schloss Hugenpoet in the south of Essen. It offers first-class accommodation and is renowned for its fine cuisine.

Perle dans le Sud : le château à douves Hugenpoet – Hôtel de style et temple culinaire de la classe la plus haute.

Der Baldeneysee und die Villa Hügel. Dieses Bild lässt nicht ahnen, dass der Essener Süden im Ruhrgebiet liegt. Hier gibt es Naherholung pur.

Lake Baldeney and Villa Hügel. Although the south of Essen is very much part of the Ruhr District, the

beautiful landscape surrounding the lake offers much scope for rest and relaxation.

Le lac Baldeneysee et la Villa Hügel. Cette photo ne permet pas d'imaginer que le sud de

Essen se trouve dans la région de la Ruhr. Ici c'est la détente périurbaine à l'état pur.

Die Südseite der Villa Hügel. Das Krupp-Schloss ist heute ein bedeutendes Forum für Kunst aus aller Welt und jedermann zugänglich.

The southern side of Villa Hügel. The Krupp residence has become an important forum for art – on an

international scale. It is opened to the general public.

La face sud de la Villa Hügel. Le château de Krupp est aujourd'hui un Forum important pour l'art du monde entier et il est accessible à tout un chacun.

34

100 Jahre alt ist die Margarethenhöhe, die unter Denkmalschutz stehende Siedlung, die Margarethe Krupp 1906 stiftete – zur Hochzeit ihrer Tochter Bertha.

Margarethenhöhe, listed as a residential area of historic interest, is 100 years old. It was

founded in 1906 by Margarethe Krupp on the occasion of the wedding of her daughter Bertha.

Le lotissement « Margarethenhöhe », qui est classé monument historique, a plus de 100 ans.

C'est un don de Margarethe Krupp, en 1906, à l'occasion du mariage de sa fille Bertha.

Die letzte Residenz der Fürstäbtissin Maria Kunigunde. 1803 musste sie aus Schloß Borbeck ausziehen. Das Schloss ist inzwischen völlig renoviert.

The last residence of the royal abbess Maria Kunigunde, who had to leave Borbeck Castle in

1803. The castle has been renovated in the meantime.

La dernière résidence de la princesse-abbesse Marie Cunégonde. En 1803 elle dut quitter le château de Borbeck. Le château a maintenant été entièrement restauré.

Der Kennedyplatz im Weihnachtsglanz: Hier findet jährlich der Weihnachtsmarkt statt (oben). „Entdecken. Erleben. Bewegen." – so lautet das Motto für die Kulturhauptstadtbewerbung am Haus der RAG (rechts).

Kennedyplatz dressed in Christmas finery: this is where the annual Christmas fair takes place (above). Discover. Experience. Shape the Future – the motto created for Essen's application as city of culture, exhibited on the RAG building (right).

La place Kennedyplatz dans sa parure de Noël : c'est ici qu'a lieu chaque année le marché de Noël (en haut). Découvrir. Vivre. Emouvoir – c'est le thème de la candidature en tant que métropole culturelle sur l'immeuble de la RAG (à droite).

RAG
ENTDECKEN.
ERLEBEN.
BEWEGEN.
ESSEN FÜR DAS RUHRGEBIET
80
80
E-Zentrum

Die Innenstadt: Der Burgplatz mit der Münsterkirche und dahinter das Essener Rathaus. Rechts die Theaterpassage.

The city centre: Burgplatz featuring Münsterkirche, with the town hall of Essen in the background. The Theaterpassage on the right.

Le centre-ville : la place du château (Burgplatz) avec la cathédrale et, derrière elle, l'Hôtel de Ville de Essen. A droite le passage du théâtre.

Das Grillo Theater am Hirschlandplatz (oben) und das neue Essener Rathaus (unten). Die Stadt besteht aus Kontrasten.

The Grillo theatre in Hirschlandplatz (above) and the new Essen town hall (below) – contrasting views in an exciting city.

Le théâtre Grillo sur la place Hirschlandplatz (en haut) et le nouvel Hôtel de Ville de Essen (en bas). La ville est constituée de contrastes.

POHLAND
WORMLAND

Die neue Skyline von Essen. Moderne Architektur und Gemütlichkeit während der Lichtwochen zur Weihnachtszeit auf der Kettwiger und der Limbecker Straße (rechts).

The new Essen skyline. In the run-up to Christmas, modern architecture and a festive atmosphere set off the illuminations on Kettwiger- and Limbeckerstrasse to dazzling perfection (right).

La nouvelle silhouette de Essen. Architecture moderne et convivialité pendant les semaines de lumière en période de Noël dans les rues Kettwiger et Limbecker Strasse (à droite).

Jazz in der City vor der Bergbauskulptur am Südausgang des Hauptbahnhofes (links). Rechts die attraktive Hauptverwaltung des RAG-Konzerns.

Jazz in the city centre, in front of the coal mining sculpture at the southern exit of the main railway station (left). To the right, the attractive headquarters of the RAG Group.

Jazz dans la cité devant la sculpture de l'industrie minière à la sortie sud de la gare centrale (à gauche). A droite l'édifice intéressant de l'administration centrale du groupe RAG.

Der ehrwürdige Burgplatz (links oben), der Vorplatz des Grillo Theaters (links unten).

The time-honoured Burgplatz square (above left), the forecourt of the Grillo theatre (below left).

La vénérable place du château Burgplatz (en haut à gauche), la place devant le théâtre Grillo (en bas à gauche).

Neue Merkmale in der Essener Innenstadt: Die VHS am Burgplatz und das neue Einkaufszentrum am Limbecker Platz (unten), das für 300 Millionen Euro errichtet wird.

New highlights in Essen's city centre: VHS adult education centre in Burgplatz and the shopping mall in Limbecker Platz (below); construction costs for the mall were calculated at 300 million euros.

Caractéristiques nouvelles dans le centre-ville de Essen : l'Université populaire (Volkshochschule) sur la place Burgplatz et le nouveau centre commercial sur la place Limbecker Platz (en bas), qui a été construit pour 300 millions d'euros.

Wartet auf den Neubau: der Essener Hauptbahnhof (oben). Auf dem Flughafen Essen-Mülheim landen und starten jährlich über 70.000 Flieger.

Awaiting redevelopment: Essen's central railway station (above). More than 70,000 aeroplanes start and land on the runways of the Essen-Mülheim airport every year.

Attend sa transformation : la gare centrale de Essen (en haut). Plus de 70.000 avions atterrissent et décollent chaque année à l'aéroport de Essen-Mülheim.

Wenn die Sonne lacht: Eine Idylle aus dem Essener Süden erinnert an eine US-Kleinstadt (oben). Die Schurenbachhalde mit einem stählernen Monument von Richard Serra.

Bathed in sunshine: the idyllic picture from the south of Essen is reminiscent of a small town in the United States (above). The Schurenbachhalde with a steel monument designed by Richard Serra.

Lorsque le soleil rit : une idylle dans le sud de Essen rappelle une petite ville des Etats-Unis (en haut). Le terril Schurenbachhalde avec un monument en acier de Richard Serra.

Werden ist ein Juwel der besonderen Art: Links ein Blick in die Basilika, rechts der blaue Baldeneysee mit dem Stauwehr und flotten Seglern.

Werden presents a unique view: to the left the basilica, to the right the blue waters of Lake Baldeney with the weir and smart sailing boats.

Werden est un joyau d'un type particulier : à gauche, un coup d'œil dans la basilique, à droite le lac bleu Baldeneysee avec le barrage de retenue et des voiliers rapides.

Der schöne Süden hat einen Namen: Werden. Die Tennisplätze des ETUF reizen ebenso wie die Regattastrecke am Baldeneysee (rechts).

Werden is situated in the beautiful south of Essen. The ETUF tennis courts and the regatta lanes of Lake Baldeney (right) are a very popular meeting place for sports enthusiasts.

Le beau Sud porte un nom : Werden. Les courts de tennis de l'ETUF sont aussi séduisants que le parcours de régate du lac Baldeneysee (à droite).

DER STADT

Das reizvolle Ruhrtal im Essener Süden. Das Ruhrgebiet zeigt sich hier von seiner attraktivsten Seite – für Fremde kaum vorstellbar.

The beautiful Ruhr valley in the south of Essen. An idyllic part of the Ruhr District – and often a surprise to visitors.

La charmante vallée de la Ruhr dans le Sud de Essen. La région de la Ruhr se présente ici de son côté le plus attrayant – presque inimaginable pour des étrangers.

Ruhr und Baldeneysee bilden eine landschaftlich einmalige Einheit. Werden (oben) und die Ruine von Haus Scheppen (unten).

The landscape around the River Ruhr and Lake Baldeney forms a harmonious ensemble. Werden (above) and the remnants of Haus Scheppen (below).

La Ruhr et le lac Baldeneysee forment une entité unique en son genre du point de vue du paysage. Werden (en haut) et la ruine du manoir de Scheppen (en bas).

Hawaii am Strandbad Baldeneysee („Seaside Beach", oben), die Burgruine Haus Horst (rechts oben) und Indianer. Sie kommen einmal im Jahr aus allen europäischen „Reservaten" zum großen Meeting zusammen.

A touch of Hawaii at Strandbad Baldeneysee ("Seaside Beach", above), the remnants of Haus Horst castle (top right) and a group of "Red Indians". Once a year they flock to Essen from their European "reservations" to meet for an authentic get-together.

Hawaï sur la plage du lac Baldeneysee (« Seaside Beach », en haut), la ruine du château Haus Horst (en haut à droite) et des Indiens. Ils se rencontrent une fois par an en provenance de toutes les « réserves » européennes à l'occasion d'un grand meeting.

Zollverein

Architektur im Wandel der Zeiten. Zollverein (oben links) und der Eingang zum RWE-Tower. Winteridylle neben der Kokerei Zollverein – hier toben sich die Schlittschuhläufer auf dem Kunsteis aus.

Architecture throughout the ages. Zollverein (above left) and the entrance to the RWE tower. An idyllic winter landscape near Zollverein coking plant – an ideal place for skaters to practise their moves on the artificial ice rink.

L'architecture au fil du temps. La houillère « Zollverein » (en haut à gauche) et l'entrée du gratte-ciel de RWE. Une idylle hivernale à côté de la cokerie de Zollverein – les patineurs s'en donnent ici à cœur joie sur la glace artificielle.

Essen lebt von den Gegensätzen: Ein Gartenfreund aus Heidhausen (oben links), Spitzenmedizin und Motorshow. Nichts ist unmöglich. Das Flammenfenster in der Messe schuf der Künstler Jörg Immendorf.

A cornucopia of events – a gardening fan from Heidhausen (above left), state-of-the-art medicine and a motor show. Nothing is impossible. The window depicting a design of "Flames" was created by the artist Jörg Immendorf.

Essen vit des contraires : un amateur de jardins de Heidhausen (en haut à gauche), médecine de pointe et show de la motorisation. Rien n'est impossible. C'est l'artiste Jörg Immendorf qui a créé la fenêtre de flammes au palais de la foire.

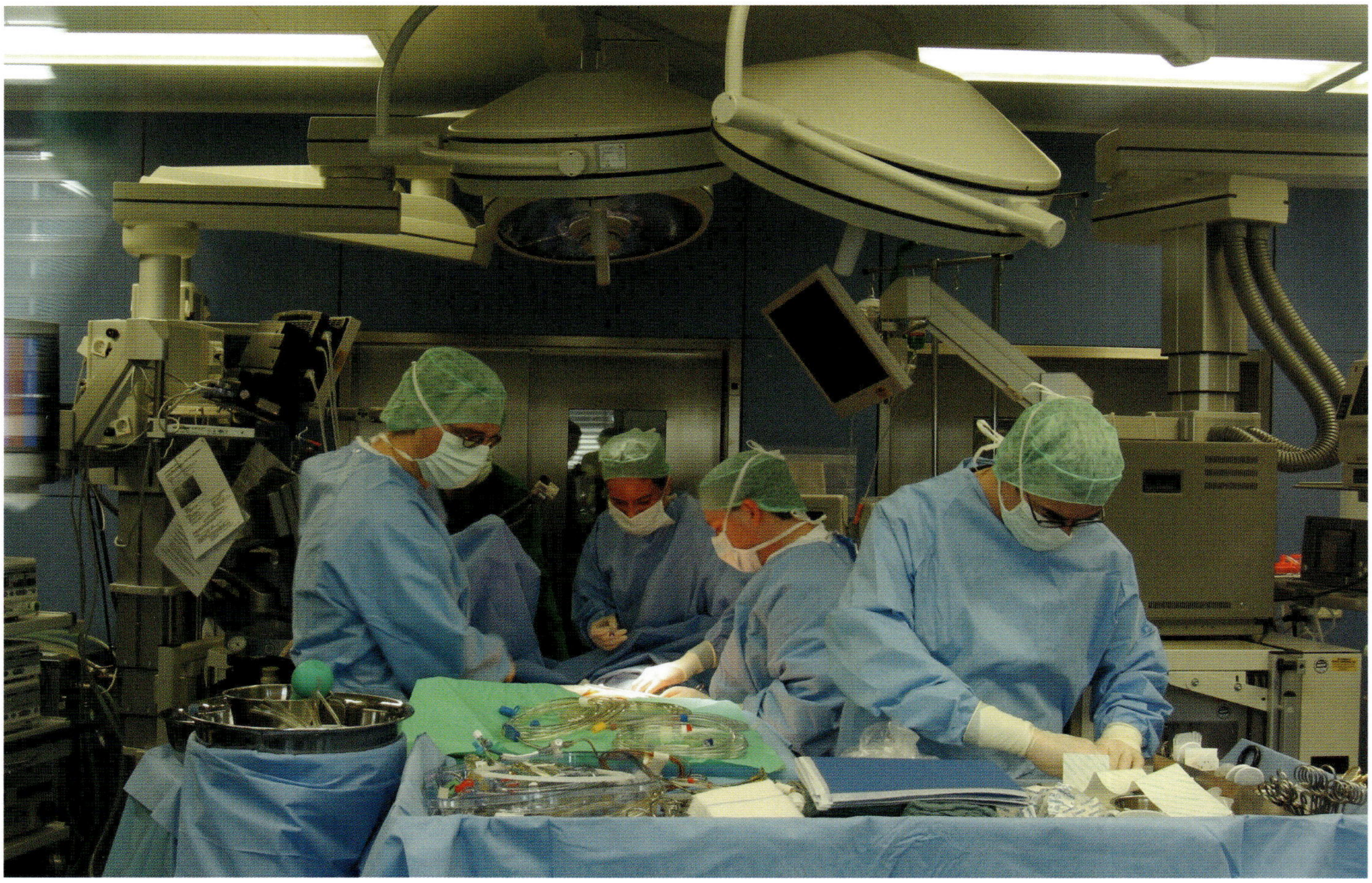

Delta 4x4
JE-DESIGN
Sportec
Cobra

Menschen und Residenzen: Die Werdener Schützen sind eifrige Pohlbürger, während bei Haus Oefte (oben) die Golfer die weißen Bälle schlagen.

People of the Ruhr District – the Werden riflemen are true to their long-standing traditions, whilst golfing fans come into their own at Haus Oefte (above).

Les hommes et leurs résidences : les tireurs de Werden sont des boiseurs zélés, pendant que les golfeurs tapent sur les balles blanches au manoir Haus Oefte (en haut).

Bilderbuchidylle ist auch die Altstadt von Kettwig an der Ruhr. Äbtissin Christine baute sich in Steele ihre Residenz (unten), heute ist es eine Stiftung für ein Kinderheim.

The old quarters of Kettwig on the River Ruhr are very picturesque. The abbess Christine built her residence in Steele (below), which has become a home for children.

La vieille ville de Kettwig sur la Ruhr est elle aussi une idylle comme dans un livre d'images. L'abbesse Christine avait construit sa résidence à Steele (en bas), c'est aujourd'hui une fondation pour un home d'enfants.

ESSEN FÜR DAS RUHRGEBIET

Der Grugapark zieht im Jahr hunderttausende von Menschen an. Hier genießen sie ihre Freizeit – in der Grugahalle, beim Grugafest oder an einem stillen Plätzchen.

Grugapark attracts thousands of people every year. It is a perfect spot to enjoy leisurely hours either in the Grugahalle, at the Gruga Festival or on a quiet park bench.

Le parc de la Gruga attire chaque année des centaines de milliers de personnes qui y jouissent de leurs loisirs – dans la Grugahalle, lors de la fête de la Gruga ou bien dans un petit coin tranquille.

Die Gastronomie am Grugateich lockt im Sommer viele Menschen an, wie das jährliche Parkfest auch. Die Siechenkapelle an der Rüttenscheider Straße (rechts) lädt zum Verweilen ein.

The restaurants on Grugateich and the annual festival attract many visitors during the summer months. The chapel of the former leper hospital on Rüttenscheider Strasse offers moments of calm and tranquillity (right).

Les restaurants autour de l'étang de la Gruga attirent un grand nombre de personnes pendant l'été, tout comme la fête annuelle du parc. La chapelle Siechenkapelle dans la rue Rüttenscheider Strasse (à droite) invite à s'arrêter.

Biergarten
Eis Café
ALTAS
Eis Cafe
Schmitz
BAR
BRATWURST

Ford
E TK 36 H
Tour de Rü
DU 49 H

BÜRO
30
ZONE
30
ZONE
Toilet

Rüttenscheid ist die „Altstadt" von Essen. Das Rü-Fest ist ebenso beliebt wie die Oldtimer-Rallye oder das nasse Vergnügen im Grugabad.

Rüttenscheid – the old town quarters of Essen. The "Rü-Festival" is as popular as the vintage car rally or the cool waters of the Grugabad.

Rüttenscheid est la vieille ville de Essen. La fête de Rüttenscheid « Rü-Fest » est tout aussi appréciée que le rallye des vieilles voitures ou les plaisirs aquatiques à la piscine Grugabad.

Die Gartenstadt Margarethenhöhe hat einen besonderen Charme entwickelt und ist als Wohnort sehr gefragt.
Biergärten wie der Gebrandenhof in Stadtwald (oben) und der Wolperding in Kray locken viele Menschen an.

Lush Margarethenhöhe has a unique ambience and charm; it is also a highly sought-after residential area.
Beer gardens such as Gebrandenhof in Stadtwald (above) and Wolperding in Kray attract huge crowds.

La cité-jardin de Margarethenhöhe a développé un charme particulier et elle est très demandée comme lieu d'habitation.
Des jardins de la bière comme le Gebrandenhof à Stadtwald (en haut) et le Wolperding à Kray attirent beaucoup de monde.

West
West
West
West
West

Aluminium aus Essen
HOCHTIEF
HOCHTIEF
HOCHTIEF
bussig!
RWE
RWE
RWE
Manfred Sander TRANSPORTE
trimet
PARKETT STREHL
steag
Océ Copiers

Essen sportlich: Das Rot-Weiß-Stadion ist die Heimat von RWE. Es soll erneuert werden. Frauen sind erfolgreicher – wie die 1. Bundesliga-Mannschaft der SG Schönebeck. Ein Publikumsliebling ist der Ruhrmarathon (rechts).

The sporty side of Essen: Rot-Weiß-Stadion is home to RWE. It is to be completely refurbished. Essen's sportswomen have been more successful – as underlined by SG Schönebeck, a premier league club. The Ruhr marathon draws vast crowds (right).

Essen sur le mode sportif : le stade Rot-Weiss-Stadion est la patrie du RWE. Il doit être modernisé. Les femmes ont plus de succès – comme l'équipe de 1ère division du SG Schönebeck. Un des favoris du public est le marathon de la Ruhr (à droite).

76

Bredeney (links) und Stadtwald gehören zu den beliebten Wohngebieten der Stadt. Die aber auch viel Natur zu bieten hat – wie die Szenen aus dem Heissiwald beweisen (rechts).

Bredeney (left) and Stadtwald rank among the most sought-after residential areas in Essen. Also very popular, the woodland of Heissiwald (right).

Bredeney (à gauche) et Stadtwald font partie des zones résidentielles très appréciées de la ville. Celle-ci propose également beaucoup de nature – comme le prouvent ces scènes de la forêt du Heissiwald (à droite).

Kulturland in Europa

Wie eine Stadt so ist auch eine Region einem ständigen Wandel unterworfen. Mit dem Slogan „Wandel durch Kultur – Kultur durch Wandel" geht Essen als Bannerträger für das Kulturgebiet Ruhrgebiet an den Start, dem neuen Europa der 25 Staaten 2010 zu zeigen, was das Land zwischen Rhein und Ruhr an Kulturvielfalt zu bieten hat. Viel mehr als viele immer noch meinen.

Die Metropolregion Ruhr hat sich in den letzten Jahren gewaltig verändert. Wir sind Deutschland. Wir sind Morgen. Wir sind Metropole. Es ist ein neues Wir-Gefühl entstanden, eine frische Anmutung in einer Region, die nach vorne strebt, die ihren Strukturwandel vehement anpackt, die mitspielt auf der europäischen Bühne.

Die kulturellen Schwergewichte von A wie Aalto bis Z wie Zollverein sind nur zwei Leuchttürme der ganz besonderen Art. Sie zu entdecken ist nicht nur ein lohnendes Ziel der fünfeinhalb Millionen Menschen im Ruhrgebiet, sondern auch ein strahlender Magnet für auswärtige Besucher.

Die Region ist weder geschichts- noch gesichtslos. Die vielen Nuancen unvoreingenommen zu erobern, macht den Reiz aus: Der Besucher begibt sich auf eine Entdeckungsreise, die ihn erstaunen wird.

Denn Stadt und Region sind nicht erst durch die Industrialisierung vor über 150 Jahren entstanden, sondern haben weitaus ältere Wurzeln, die eintausend und mehr Jahre zurückliegen. Bis 1803 war Essen zudem ein Fürstentum, fast 1.000 Jahre von mächtigen und wohlhabenden

Besticht durch eine warme Farbgebung: die neue Philharmonie im Stadtpark (links). Essen ist Sitz des Ruhrbistums mit Bischof Dr. Felix Genn an der Spitze.

The new philharmonic concert hall in Stadtpark (left) features a design set off to perfection by rich shades of colour. Essen is the seat of the Ruhr diocese, headed by Bishop Dr. Felix Genn.

Elle nous séduit par la chaleur de ses coloris : la nouvelle Philharmonie dans le parc municipal (à gauche). Essen est le siège de l'évêché de la Ruhr avec, à sa tête, l'évêque Dr. Felix Genn.

Äbtissinnen regiert. Hohen Frauen, die der Stadt ihren Stempel aufdrückten und goldene Spuren hinterlassen haben: Den Domschatz mit der Goldenen Madonna, der ältesten erhaltenen Vollplastik einer Mariendarstellung des christlichen Abendlandes.

Man muss es zur Kenntnis nehmen: Als die Madonna durch die Straßen von Essen getragen wurde, waren in Berlin nicht einmal die Sümpfe trocken gelegt und München noch nicht gegründet. Mit diesen historischen Tatsachen ist Furore zu machen. Und das geschieht auf die vielfältigste Art und Weise – sicher aber inzwischen durch eine unverwechselbare Qualität.

Aus der Kohle- und Stahlhochburg des 19. Jahrhunderts entwickelte sich das Kulturgebiet Ruhrgebiet. Hier wurde Kultur nicht vererbt oder geerbt, hier wurde Kultur aus eigener Kraft entwickelt. Der rasante Strukturwandel beweist, wie dynamisch sich die Region – bei allen Problemen – stets nach vorne orientiert.

So ist der Strukturwandel in den Städten des Ruhrgebiets die eigentliche kulturelle Leistung der letzten 50 Jahre. Hier wurden Theater gebaut, hier entstanden Konzerthäuser und Museen, Festspiele und Massen-Events. Sie tragen den Ruf des Kulturgebietes weit über die Landesgrenzen hinaus. Die Vielfalt der kulturellen Einrichtungen macht gerade den Reiz aus, sich mit der Region zu beschäftigen.

Die Theater und Konzerthäuser müssen den Vergleich mit anderen

Der Kinopalast am Limbecker Platz: Ins Cinemaxx strömen täglich hunderte von Kino begeisterte Fans.

XXL cinema in Limbecker Platz: hundreds of fans of the silver screen visit Cinemaxx every day.

Le palais du cinéma sur la place Limbecker Platz: les fans enthousiastes du cinéma affluent par centaines tous les jours au « Cinemaxx ».

Metropolen in Deutschland nicht scheuen. Was allein in Essen an künstlerischem Niveau jeden Abend gezeigt wird, wenn der Vorhang aufgeht, das ist höchst bemerkenswert. Nicht ohne Grund werden die grandiosen Leistungen unserer Bühnen in jedem Jahr hoch gepriesen – die Kulturwelt entdeckt Essen und das Ruhrgebiet wieder –, endlich ohne Scheuklappen.

Essen ist immer auch eine Stadt großzügiger Geldgeber gewesen. Schon der Industrielle Friedrich Grillo schenkte seiner Heimatstadt das erste „richtige" Theater, das heute noch seinen Namen trägt. Die Big Spender von heute, die Konzerne, der Mittelstand und wohlhabende Bürger, engagieren sich auf vielen Ebenen in der Stadt. Ihrer Großzügigkeit ist es zu verdanken, dass das Niveau im kulturellen Bereich heute ein herausragendes Standing erreicht hat. Kunst und Kasse sind in unserer Stadt seit langem eine glückliche Verbindung eingegangen, ohne die viele Ereignisse wegen der finanziellen Situation der Städte heute nicht mehr möglich wären.

Die Aalto-Oper, die neue Essener Philharmonie, das Museum Folkwang, die Villa Hügel, die Lichtburg, der Domschatz, die Alte Synagoge, das Musical-Theater „Colosseum", das Grillo Theater und die Zeche Zollverein sind große Spielplätze im Kulturgebiet Ruhrgebiet, die es ständig neu zu entdecken gilt. Essen hat sich mit diesen Highlights einen Ruf als kulturelles Zentrum an der Ruhr erworben. Inzwischen funktioniert auch die regionale Kooperation mit den Nachbarn Bochum, Duisburg und Dortmund. Kein Wunder, dass die Region angetreten ist, Europa zum Staunen zu bringen: Als die Region, die ein glänzendes Beispiel dafür abgibt, wie aus eigener Kraft kultureller Reichtum erarbeitet werden kann.

Die Kulturhauptstadt-Jury hat die Bedeutung auf den Punkt gebracht: Essen kann als Kulturhauptstadt zum Kristallisationspunkt der europäischen Diskussion über die Rolle der Kultur im Strukturwandel werden.

Sommerfest im Stadtgarten: In jedem Jahr ein kultureller wie kulinarischer Höhepunkt unter freiem Himmel.

Summer festival in Stadtgarten: an annual highlight of cultural and culinary delights.

Fête estivale au jardin municipal : tous les ans un point culminant – culturel et culinaire – en plein air.

Immer wieder Zollverein: Das Weltkulturerbe als Bühne für Open Air-Veranstaltungen.

Zollverein colliery – a world heritage site – provides the perfect backdrop for open-air events.

Encore et toujours la houillère « Zollverein » : le patrimoine culture mondial en tant que scène de représentations en plein air.

Cultural Gem in Europe

The entire Ruhr region – not just the City of Essen – has embraced the spirit of change. Under the motto "Change through Culture – Culture through Change", Essen has become a standard-bearer for the Ruhrgebiet's 2010 Capital of Culture campaign, the objective being to promote the region's cultural diversity among the 25 member states of the European Union. Indeed, the region has much more to offer than meets the eye.

The Ruhr metropolitan region has undergone significant changes over recent years. We are a Metropolis. We are Germany. We are the Future. The Ruhrgebiet has discovered a new sense of unity, a new form of perception in a region that is moving forward, a region that has embraced structural change with a vengeance, a region that has set its sights on becoming a key player in the European arena.

From A as in Aalto to Z as in Zollverein – the region has a number of cultural heavyweights in its midst. Meeting these ambassadors of heritage and culture is well worth the effort, not only for the 5.5 million inhabitants of the Ruhrgebiet but also for visitors from further afield.

Indeed, the region can look back on a rich and varied history. The attraction is to seek out these many nuances with a sense of curiosity and an open mind. It is a journey of discovery that is likely to produce a number of surprises.

After all, the city and the region existed long before the age of industrialisation some 150 years ago. In fact, the city's history reaches back a thousand years and more. Until 1803, Essen was a principality, ruled for almost 1000 years by wealthy and influential abbesses. They shaped the face of the city and left a generous bequest to future generations: the Domschatz, a rich treasure featuring the Golden Madonna, the Occident's oldest known sculpture of the Virgin Mary.

Die Keimzelle, in der vor über 1.150 Jahren alles begann: Der Burgplatz mit dem 1.000-jährigen Münster und neuem Rathaus.

Burgplatz with the 1,000-year-old Münster and the new town hall, where Essen was founded more than 1,150 years ago.

La cellule germinale dans laquelle tout a commencé il y a plus de 1.150 années : la place du château avec la cathédrale millénaire et le nouvel Hôtel de Ville.

Der Essener Bachchor in der Erlöserkirche.

The Bach choir in the Church of the Redeemer.

La chorale « Bachchor » dans l'église du Saint-Sauveur (Erlöserkirche).

Another point worth mentioning: at the time in which the Madonna was first carried through the streets of Essen, Germany's future capital, Berlin, was still surrounded by swampland and Munich had not even been founded. With a heritage like this, one does not have to be ashamed of blowing one's own trumpet once in a while. And precisely this is what the region is doing – using a highly sophisticated approach, of course.

The erstwhile stronghold of coal and steel gradually developed its own brand of cultural heritage. Here, culture was not simply passed down or inherited – it was shaped with one's own hands. The rapid structural changes witnessed over the years bear testimony to the dynamism of the region as a whole, committed to tackling challenges with steely determination.

The structural transformation experienced by the towns and cities of the Ruhrgebiet over the past 50 years is also the main driving force behind the region's cultural revolution. Theatres, opera houses and museums were built. Concerts, festivals and other large-scale events were organised. Today, they are cultural ambassadors for the Ruhrgebiet – both at home and abroad. The sheer diversity of facilities on offer is one of the main incentives to delve a little into the region's treasure trove of cultural offerings.

Indeed, the theatres and opera houses of the region can certainly hold their own against their counterparts in the rest of Germany. When it comes to the performing arts, Essen alone offers a wide range of high-quality attractions. Indeed, there are good reasons for the rave reviews received by the city's stage performances each year – enthusiasts of the arts are rediscovering Essen and the Ruhrgebiet.

Essen has always been a city with very generous benefactors. Industrialist Friedrich Grillo, for instance, financed the first "real" theatre for his hometown; it still bears his name. Today's big spenders – global corporations, medium-sized companies and wealthy citizens – are involved in projects at various levels. It is thanks to their generosity that Essen's cultural offerings are of such an exceptionally high standard. In Essen, "cash and culture" are a partnership made in heaven; without this symbiosis many of the events now on offer would never have materialised due to empty coffers at local government level.

Aalto-Oper, Essener Philharmonie, Museum Folkwang, Villa Hügel, Lichtburg, Domschatz, Alte Synagoge, Colosseum, Grillo-Theater and Zeche Zollverein are major cultural attractions of the Ruhrgebiet – and always well worth a visit. Thanks to this rich blend of cultural highlights, Essen has firmly established itself as the Centre of the Arts in the Ruhr area. At long last, regional cooperation with the neighbouring cities of Bochum, Duisburg and Dortmund is also working smoothly. Little wonder that the region has spearheaded a joint European campaign aimed at showcasing its heritage – a region that has become a shining example of how to create cultural diversity through proactive involvement and dedication.

The Capital of Culture jury put it quite aptly: as Capital of Culture, Essen can become a focal point for pan-European debate about the role that culture plays in structural change.

Die neue Synagoge in der Sedanstraße ist heute das Zentrum der jüdischen Gemeinde in Essen.
Vom Vorstand: Jewgenij Budnitzkij und Ada Gröper-Sajber.

The new synagogue in Sedanstrasse is the centre of the Jewish community in Essen.
Members of the Board of Directors: Jewgenij Budnitzkij and Ada Gröper-Sajber.

La nouvelle synagogue dans la rue Sedanstrasse est aujourd'hui le centre de la communauté juive à Essen.
Membres du directoire : Jewgenij Budnitzkij et Ada Gröper-Sajber.

Pays de la culture en Europe

Tout comme une ville, une région est, elle aussi, soumise à une mutation permanente. C'est avec le slogan « Wandel durch Kultur – Kultur durch Wandel » (le changement par la culture – la culture par le changement) que la ville de Essen prend le départ en tant que porte-drapeau de la région culturelle de la Ruhr, pour montrer à la nouvelle Europe des 25 états en 2010 ce que le pays situé entre le Rhin et la Ruhr a à proposer comme diversité culturelle. Beaucoup plus que beaucoup ne le pensent encore.

La zone de conurbation de la Ruhr s'est énormément transformée au cours des dernières années. Nous sommes l'Allemagne. Nous sommes demain. Nous sommes une métropole. Une nouvelle sensation du « Nous » est née, un charme d'une grande fraîcheur dans une région qui veut avancer, qui s'attaque avec véhémence à sa mutation structurelle, qui a son mot à dire sur la scène européenne.

Les « poids lourds de la culture » de A comme Aalto jusqu'à Z comme Zollverein ne sont que deux phares d'un genre tout particulier. Leur découverte n'est pas seulement un objectif intéressant des cinq millions et demie de personnes dans la région de la Ruhr mais également un pôle d'attraction irrésistible pour les visiteurs venant de l'extérieur.

La région a une histoire et un visage. S'en approprier les nuances sans préjugé, voilà ce qui en fait le charme. Le visiteur se lance dans un voyage de découverte qui va le plonger dans l'étonnement.

Car la ville et la région ne sont pas nées seulement de l'industrialisation il y a plus de 150 ans. Leurs racines remontent beaucoup plus loin, à une époque vieille de plus de 1000 années. Jusqu'en 1803, Essen était en outre une principauté, gouvernée pendant près de 1000 ans par des abbesses puissantes et riches. Des grandes dames qui ont apposé leur empreinte à la

Magnet im Grugapark: die tropischen Häuser.

A crowd-puller in Grugapark: the tropical greenhouse.

Pôle d'attraction dans le parc de la Gruga: les serres tropicales.

ville et laissé des traces en or : le trésor de la cathédrale avec la Madone en or, la sculpture en pied la plus ancienne qui soit conservée d'une représentation de la Vierge de l'occident chrétien.

Il faut bien en prendre acte : alors qu'on portait déjà la Madone à travers les rues de Essen, on n'avait même pas encore asséché les marais de Berlin et Munich n'était pas encore fondée. Avec ces faits historiques, il est possible de faire fureur. Et cela se produit des manières les plus différentes – et certainement désormais grâce à une qualité sans pareille.

Le haut-lieu du charbon et de l'acier du 19ième siècle a évolué pour devenir la région culturelle de la Ruhr. Ici la culture ne fut pas donnée ou reçue en héritage : c'est de ses propres forces qu'elle s'est développée. La mutation structurelle époustouflante prouve avec quel dynamisme cette région s'oriente en permanence vers l'avant.

C'est ainsi que la mutation structurelle dans les villes de la Ruhr constitue la véritable prestation culturelle des 50 dernières années. On y a construit des théâtres, créé des salles de concerts et des musées, organisé des festivals et des manifestations événementielles de grande envergure. Tous, ils transportent la réputation de la région culturelle bien au-delà des limites du land. C'est justement la diversité des institutions culturelles qui incite à se pencher sur cette région.

Les théâtres et les salles de concert n'ont pas à craindre la comparaison avec d'autres métropoles en Allemagne. Le niveau culturel de ce que présente Essen tous les soirs, lorsque le rideau se lève, est absolument remarquable. Ce n'est pas sans raison si les prestations grandioses de nos établissements

Dem Nachwuchs eine Chance: In der Weststadt werden die Schüler der Folkwang-Musikschule unterrichtet.

The next generation: students of the Folkwang Music School are taught in the western district of Essen.

Donner une chance aux générations montantes : dans la cité Ouest (Weststadt), les élèves suivent les cours de l'école de musique Folkwang.

scéniques sont chaque année couvertes d'éloges – le monde culturel redécouvre Essen et la région de la Ruhr – enfin sans œillères.

Essen fut également toujours une ville de généreux bailleurs de fonds. L'industriel Friedrich Grillo avait fait don à sa ville natale de son premier « vrai » théâtre. Les grands donateurs d'aujourd'hui – les groupes industriels, les petites et moyennes entreprises et les bourgeois aisés – s'engagent à plusieurs niveaux dans la ville. C'est grâce à leur générosité qu'il a été possible d'atteindre aujourd'hui, dans le domaine culturel, un niveau remarquable. L'art et la trésorerie entretiennent dans notre ville depuis longtemps des relations heureuses, sans lesquelles les nombreuses manifestations ne seraient plus possibles aujourd'hui en raison de la situation financière des municipalités.

L'opéra Aalto, la nouvelle Philharmonie de Essen, le musée Folkwang, la Villa Hügel, le château Lichtburg, le trésor de la cathédrale, l'ancienne Synagogue, la salle de comédies musicales « Colosseum », le théâtre Grillo et la houillère « Zeche Zollverein » sont, dans la région culturelle de Ruhr, de grandes scènes à redécouvrir en permanence. Avec ces points-phares, Essen a acquis une réputation de centre culturel sur la Ruhr. Dans l'intervalle, la coopération régionale avec les cités voisines de Bochum, Duisburg et Dortmund fonctionne elle aussi. Il n'est donc pas étonnant que la région se soit fixé pour but de plonger l'Europe dans l'étonnement : comme la région qui donne un brillant exemple de la manière dont il est possible d'élaborer, de ses propres forces, une richesse culturelle.

Le jury de la capitale culturelle a su en résumer la signification avec justesse : En tant que capitale culturelle, Essen est en mesure de devenir le point de cristallisation de la discussion européenne sur le rôle que joue la culture dans la mutation structurelle.

Die Skyline an der A 40 beweist: Der Strukturwandel hat stattgefunden.

The skyline on the A40 motorway captures the enormous structural changes the city has undergone.

La silhouette des gratte-ciels le long de l'auto-route A40 le prouve : la mutation structurelle s'est opérée.

Das Eingangstor zur Innenstadt: Hotel Handelshof.

Gateway to the city centre: Hotel Handelshof.

La porte d'entrée de la cité : l'Hôtel Handelshof.

88

ESSEN
EINKAUFSSTADT
MÖVENPICK HOTEL HANDELSHOF
Touristikzentrale
Hotelreservierung

Aalto Musiktheater
Aalto Theatre
Théâtre Aalto

Opernplatz 10 · 45128 Essen
Tel.: 02 01 / 81 22 200
Fax: 02 01 / 81 22 201
E-Mail: abobuero@theater-essen.de
Internet: www.theater-essen.de

Ausgezeichnet – so kann man das Aalto-Theater wohl am treffendsten beschreiben, denn das Opernhaus wird regelmäßig mit Lob und Kritikerpreisen überschüttet. Das Aalto-Theater, das 1988 bei der Eröffnung als „schönster deutscher Theaterbau seit 1945" gefeiert wurde, gehört heute auch zu den besten in Deutschland. Intendant Stefan Soltesz sorgt seit Jahren dafür, dass das so bleibt. Erbaut ist das Gesamtkunstwerk nach den Plänen des finnischen Meisterarchitekten Alvar Aalto. Die moderne geschwungene Architektur regt die Fantasie an. Das Gebäude erinnert an einen geöffneten Flügel, die Fenster wecken die Assoziation an Tasten... Im Inneren setzt sich die klare Formensprache fort. Das großzügige helle Foyer gibt den Blick auf den angrenzenden Stadtgarten und die Philharmonie frei. Schnörkellos elegant ist auch der Saal, der Platz für 1.125 Zuschauer bietet. Himmlisches Blau und helles Holz rahmen die Opernsänger ein, deren hervorragender Ruf bis ins Ausland reicht. Die Essener Philharmoniker und das Aalto-Ballett stehen den Vokalisten in nichts nach und stehen bei Rankings stets ganz oben.

Die Aalto-Oper – das Meisterwerk des finnischen Architekten Alvar Aalto wurde 1988 eröffnet.

The Aalto Opera House – this masterpiece by the Finnish architect Alvar Aalto was opened in 1988.

L'opéra Aalto – le chef d'œuvre de l'architecte finlandais Alvar Aalto a été inauguré en 1988.

Gesamtkunstwerk Aalto-Oper. Zur Architektur der Inhalt – den Takt dafür gibt Intendant und Generalmusikdirektor Stefan Soltesz an.

Architectural piece of art – the Aalto Opera House, a centre of excellence for musical performances directed by Stefan Soltesz.

L'opéra Aalto, un chef d'œuvre global : le contenu convenant à l'architecture – c'est Stefan Soltesz, intendant et directeur musical, qui donne le ton.

Aalto Theater stands for excellence - a fact that is reflected in the host of awards bestowed on this highly respected opera house and the many favourable reviews it receives from critics. Aalto Theater, which was opened in 1988 as the "most beautiful German theatre since 1945", is ranked among the best in Germany. Director Stefan Soltesz has ensured that the high standard of performance is maintained for generations of theatre enthusiasts to enjoy. The building was designed by the well-known Finnish architect Alvar Aalto. The modern architecture is dominated by flowing lines which are pleasing to both the eye and the intellect. The building itself is reminiscent of a grand piano, with the windows representing the keyboard. The interior is also influenced by this language of geometry. The spacious foyer affords a view of the adjacent Stadtgarten and the Philharmonie. The elegant auditorium with its minimalist lines can seat up to 1,125 people. Internationally renowned opera singers give their celebrated performances on a stage framed in a shade of brilliant blue, set off by a magnificent pale wood. The Essener Philharmoniker and the Aalto Ballet are equally respected and regularly appear at the very top of international rankings.

Excellent - c'est vraisemblablement le qualificatif le mieux approprié pour décrire le Théâtre Aalto, car cet opéra est régulièrement couvert d'éloges et de prix de la critique. Le Théâtre Aalto, qui fut fêté lors de son inauguration en 1988 comme « la plus belle construction théâtrale depuis 1945 » compte aujourd'hui parmi les meilleurs de l'Allemagne. Son intendant, Stefan Soltesz, veille depuis des années à ce qu'il en reste ainsi. Cette oeuvre d'art complète fut construite selon les plans de l'architecte finlandais Alvar Aalto. L'architecture moderne en arc de cercle donne des ailes à l'imagination. Le bâtiment rappelle un piano à queue ouvert, les fenêtres suscitent des associations avec des touches... A l'intérieur ce langage clair des formes se poursuit. Le foyer, empli de lumière et de dimensions généreuses, s'ouvre sur le jardin municipal voisin et sur la philharmonie. La salle, elle aussi d'une élégance sobre, peut accueillir 1.125 spectateurs. Un bleu céleste et du bois clair encadrent les chanteurs d'opéra dont la réputation remarquable s'étend jusqu'à l'étranger. Les membres de la philharmonie de Essen et le corps de ballet Aalto ne le cèdent en rien aux représentants de l'art vocal et ils figurent toujours tout en haut des listes comparatives.

Die Handschrift des kühnen Finnen setzt sich im Foyer fort. Auf der Bühne hat sich der „Essener Stil" erfolgreich durchgesetzt.

The innovative design of Finnish architect Alvar Aalto is also featured in the foyer. On stage, the "Essen Style" has proved extremely successful.

Le style du Finlandais audacieux se poursuit dans le foyer. Sur la scène le « style de Essen » s'est imposé avec succès.

Alter Bahnhof Kettwig

Alter Bahnhof Kettwig

Ancienne gare de Kettwig

Interessengemeinschaft Bahnhof Kettwig e.V.
Ruhrtalstraße 345 · 45219 Essen-Kettwig
Tel.: 0 20 54 / 93 93 39
Fax: 0 20 54 / 93 86 86
E-Mail: kontakt@bahnhof-kettwig.de
Internet: www.bahnhof-kettwig.de

130 Jahre nach der Eröffnung und 25 Jahre nach seiner Stilllegung wurde das klassizistische Bahnhofsgebäude in Kettwig aus seinem Dornröschenschlaf geweckt. Als Bürger-, Sport- und Kulturzentrum mit angeschlossener Gastronomie hat es sich schnell zu einem gesellschaftlichen Treffpunkt entwickelt. Unter der Woche gibt es ein breit gefächertes Angebot an Kreativ- und Bewegungskursen, am Wochenende genießt das Publikum hier Meisterkonzerte, Kabarett, Vorträge oder Tanzabende. Das Programm wendet sich gezielt an alle Altersstufen und Interessensgruppen. Höhepunkt im Veranstaltungskalender sind die „Kettwiger Kabarett-Tage", bei denen alljährlich preisgekrönte Kabarettisten, Newcomer und die Lokalmatadore „Die Kettwichte" auftreten.

Painstakingly restored, Kettwig railway station, which was designed in the style of classicism, has again been put to good use 130 years after first being opened to the public and 25 years after its subsequent closure. Home to the citizens, sports and cultural centre, it has become a particularly popular meeting place. During the week the pogramme includes creative art courses and gymnastics; on the weekends the centre stages master concerts, cabaret, lectures and evenings of dancing. The programme caters for all age groups and a host of interest groups. The "Kettwiger Kabarett-Tage" are an absolute must, with highly acclaimed cabaret artists, newcomers and seasoned performers delighting their audiences. A real crowd-puller: the local group "Die Kettwichte".

130 ans après son inauguration et 25 ans après sa fermeture, le bâtiment de la gare, de style néoclassique, à Kettwig a été tiré de son sommeil de la Belle au Bois Dormant. En tant que salle polyvalente, centre sportif et centre culturel avec restaurant intégré il a vite évolué pour devenir un point de rencontre de la société. Pendant la semaine on propose ici une large palette de cours créatifs ou de cours d'éducation physique, le week-end le public se régale en général en assistant à des concerts de maîtrise, du cabaret, des conférences ou des soirées de danse. Le programme s'adresse systématiquement à toutes les classes d'âge et à tous les groupes d'intérêts. Les « Kettwiger Kabarett-Tage », pendant lesquels des cabarettistes couronnés de prix, des nouveaux venus et les matadors locaux « les Kettwichte » montent en scène, constituent le point culminant du calendrier de manifestations.

Gut genutzt und dadurch erhalten: Der Alte Bahnhof in Kettwig, heute ein wichtiges Szene-Zentrum.

Throughout the years the Alte Bahnhof Kettwig has been put to good use; today it is home to an important cultural centre.

Bien utilisée et, de ce fait, bien conservée : la vieille gare (Alter Bahnhof) à Kettwig est aujourd'hui un centre dans le vent très important.

Alte Synagoge

Steeler Straße 29 · 45127 Essen
Tel.: 02 01 / 88 45 218 oder 88 45 223
Fax: 02 01 / 88 45 225
E-Mail: info@alte-synagoge.essen.de
Internet: www.alte-synagoge.essen.de

1911-13 erbaut – die Alte Synagoge, damals die schönste und größte in Deutschland.

Built in 1911-13, the Alte Synagoge ranks among the largest and most beautiful in Germany.

Construite en 1911-13 – l'ancienne synagogue, à l'époque la plus belle et la plus grande d'Allemagne.

Am Rande der Innenstadt steht ein Koloss aus Muschelkalkquadern. Darüber spannt sich eine imposante kupferne Kuppel, die an eine jüdische Kippa erinnert. Die Alte Synagoge, die bei ihrer Eröffnung 1913 als eine der schönsten und größten in Deutschland galt, strahlt auch heute noch Ruhe und Würde aus. Doch die mächtige Fassade täuscht über die Verletzlichkeit der Synagoge, die in der Reichspogromnacht 1938 in Brand gesetzt und dadurch im Inneren weitgehend zerstört wurde, hinweg. Auch die jüdische Gemeinde wurde bis zum Ende des 2. Weltkriegs zerstört. So wurde die Ruine der Synagoge in der Nachkriegszeit zu einer Art Mahnmal. 1959 erwarb die Stadt das ehemalige Gotteshaus. Im Zuge des Wiederaufbaus wurden sämtliche Mosaike überstrichen, der Thoraschrein abgerissen und die Kuppel, unter der einst 1.400 Menschen Platz gefunden hatten, abgehängt. Bis 1979 wurde in dem sachlichen Gebäude Industriedesign ausgestellt. Als Teile der Ausstellung in Brand gerieten, wurde das Haus erneut restauriert und das ursprüngliche Raumgefüge unter Verzicht auf Details wiederhergestellt. Seit 1988 dient die Alte Synagoge als Gedenkstätte, politisch-historisches Dokumentationsforum und kulturelles Begegnungszentrum.

Ein Blick in den heute als Gedenkstätte und Ort der Begegnung genutzten Innenraum der Synagoge.

A view of the synagogue interior, which is a centre of remembrance and a place to meet and reflect.

Une vue sur l'intérieur de la synagogue qui est aujourd'hui utilisée comme monument commémoratif et lieu de rencontre.

Alte Synagoge

On the outskirts of the city centre, the colossal synagogue made of shell lime stone quaders dominates the entire neighbourhood. Its roof is fashioned in the shape of a copper dome, symbolising a Jewish Kippa. Alte Synagoge was inaugurated in 1913, as one of the largest and most beautiful buildings of its kind in Germany. To this very day, it has retained an ambience of dignity and calm. However, the massive façade hides the fact that the building which was set on fire during Reichskristallnacht, the nationwide pogrom targeted at Jewish properties in 1938, is by no means indestructible. Indeed, the interior was almost completely destroyed during the fire. By the end of World War II, most of the members of the Jewish community had perished and the ruins of the synagogue were turned into a shrine in memory of the dead. In 1959 the city of Essen purchased the former house of Jewish worship. During renovation works, all mosaics were painted over, the Thora shrine was dismantled and the dome, once a proud part of a building which was a sacred place for more than 1,400 members of the Jewish congregation, was taken down. Up to 1979 the building was used for the exhibition of industrial design. When parts of the museum burnt down, the building was restored again and the original design was recaptured, omitting some of the finer details. Since 1988 the former synagogue has been used as a memorial, a political-historical documentary forum and a cultural meeting place.

Ancienne synagogue

Un colosse en pierre de taille de calcaire coquillier se dresse en bordure du centre-ville. Il est couronné d'une imposante coupole en cuivre qui rappelle une kippa juive. L'ancienne synagogue, qui était considérée lors de son inauguration en 1913 comme l'une des plus belles et des plus grandes de l'Allemagne, respire aujourd'hui encore le calme et la dignité. Mais la puissante façade est trompeuse quant à la vulnérabilité de la synagogue qui fut incendiée dans la Nuit de Cristal en 1938 et largement détruite à l'intérieur. La communauté juive fut elle aussi détruite jusqu'à la fin de la Deuxième Guerre Mondiale. La ruine de la synagogue devint ainsi dans la période d'Après-Guerre une sorte de mémorial. En 1959 la municipalité acheta l'ancienne maison du Seigneur. Au cours de la reconstruction, toutes les mosaïques disparurent sous une couche de peinture, la châsse de la Thora fut arrachée et la coupole, sous laquelle autrefois 1.400 personnes avaient trouvé place, fut enlevée. Jusqu'en 1979 l'édifice neutre fut utilisé pour des expositions de design industriel. Lorsque des pièces de l'exposition prirent feu, le bâtiment fut à nouveau restauré et la conception initiale fut rétablie en renonçant toutefois aux détails. Depuis 1988 l'ancienne synagogue sert de monument commémoratif, de forum de documentation politique et historique et de centre culturel de rencontre.

Basilika St. Ludgerus

Brückstraße 54
45239 Essen-Werden
Tel.: 0201 / 49 18 01
Fax: 0201 / 40 42 87
E-Mail: fuehrungen@st.ludgerus-werden.de
Internet: www.st.ludgerus-werden.de

Am Rande des mittelalterlich geprägten Kerns von Essen-Werden erhebt sich oberhalb der Ruhr die mächtige Silhouette der Basilika St. Ludgerus. Der Kirchenbau geht in seinem Ursprung auf die Zeit um 800 zurück, als der friesische Missionar und spätere erste Bischof von Münster, Luidger (Ludgerus), hier ein Benediktinerkloster gründete. Die wechselvolle Geschichte Werdens, in der wirtschaftliche und vor allem kulturelle Blütezeiten ebenso ihre Spuren hinterließen wie vernichtende Brände und kriegerische Auseinandersetzungen, hat das Gebäudeensemble aus Kloster und Kirche über die Jahrhunderte hinweg stetig verändert. Nach einer verheerenden Feuersbrunst im Jahre 1256 wurde die Abteikirche in ihrer heutigen Form erbaut. Als eines der letzten Monumente romanischer Baukunst im Rheinland ist die kreuzförmige, dreischiffige Emporenbasilika besonders bemerkenswert. Die achtseitige Vierungslaterne gibt den Blick auf das schirmartige Klostergewölbe frei und gilt im rheinischen Raum als eine der schönsten der Stauferzeit. Zwar blieb der kostbare Klosterschatz der fürstlichen Reichsabtei von Bränden und Plünderungen weitestgehend verschont, der größte Teil fiel jedoch der Säkularisation von 1802/03 zum Opfer. Die bedeutenden Werdener Handschriften der berühmten Klosterbibliothek sind daher heute nur als Faksimiles zu sehen. Erhalten geblieben sind der Schatzkammer unter anderem eine spätantike Elfenbeinpyxis (um 500), ein fränkischer Reliquienkasten (8. Jahrhundert) und der „Liudger-Kelch" aus dem 9. Jahrhundert.

Abtei und Basilika prägen das Werdener Stadtbild.
Rechts der nach mittelalterlichem Vorbild neu angelegte Kräuter- und Heilpflanzengarten „Hortulus Werdinensis".

The district of Werden is dominated by the Abbey and the Basilica.
To the right: The herb garden "Hortulus Werdinensis" has been established following a medieval design.

Abbaye et basilique apposent leur empreinte au visage du quartier de Werden.
A droite, le jardin d'herbes et de simples nouvellement créé d'après le modèle médiéval « Hortulus Werdinensis ».

St. Ludgerus Basilica

On the periphery of the medieval centre of Essen-Werden the skyline is dominated by the striking silhouette of St. Ludgerus Basilica. The impressive church was built around 800 AD, when the Friesian missionary Ludger (Ludgerus) founded a Benedictine monastery on the site. He was later to be consecrated first bishop of Münster. The changing history of Werden, characterised by periods of wealth and cultural ascendancy, but also by great fires and military conflicts, has left its mark on the complex comprising the church and monastery buildings. After a devastating fire in 1256, the Abteikirche was built in its present style. The cruciform, three-nave galleried basilica is one of the last examples of Romanesque architecture in the Rhineland. The central octagon affords a view of the umbrella-shaped cloister vault, one of the most beautiful vaults of its kind in the Rhineland, dating back to the time of the Staufers. Although the rich monastery treasure of the princely Reichsabtei was able to evade fire and plunders, it was largely diminished during the period of secularisation in 1802/3. The highly acclaimed "Werdener Handschriften" manuscripts are only displayed as facsimiles. Among other pieces, the treasure chamber displays include an ivory pyxis dating back to the Late Antique Period (around 500), a Frankish relic case (8th century), and the "Ludger Goblet", dating back to the 9th century.

Basilique St. Ludger

C'est en bordure du noyau central, à caractère moyenâgeux, de Essen-Werden que se dresse, au-dessus de la Ruhr, la puissante silhouette de la Basilique St. Ludger. L'édifice religieux remonte, dans ses origines, aux environs de l'an 800 lorsque Luidger (Ludgerus), missionnaire de la Frise, plus tard évêque de Munster, fonde ici un couvent de Bénédictins. L'histoire de Werden, riche en bouleversements, dans laquelle des périodes d'apogée économique et surtout culturelle ont laissé leurs traces au même titre que des incendies ravageurs et des luttes guerrières, a constamment modifié au cours des siècles l'ensemble de bâtiments formé par le couvent et l'église. C'est après un incendie dévastateur en 1256 que l'église abbatiale fut construite dans sa forme actuelle. La basilique à trois nefs, en forme de croix et dotée d'une galerie est l'un des derniers monuments de l'architecture romane en Rhénanie et, en tant que tel, particulièrement remarquable. La lanterne octogonale de la croisée du transept ouvre la vue sur la voûte du cloître et elle est considérée, dans la région rhénane, comme l'une des plus belles de l'ère des Hohenstaufen. Le précieux trésor de cette abbaye princière fut, certes, largement épargné par les incendies et les pillages, mais il fut, pour la plus grande partie, victime de la sécularisation de 1802/1803. C'est pourquoi on ne peut voir aujourd'hui les précieux manuscrits de Werden de la célèbre bibliothèque du couvent que sous la forme de fac-similés. La chambre du trésor a pu conserver, entre autres, un pyxis en ivoire (aux environs de 500), un reliquaire franc (8ième siècle) et le « calice de Ludger » du 9ième siècle.

Bürgermeisterhaus

Heckstraße 105
45239 Essen-Werden
Tel.: 02 01 / 49 32 86
Fax: 02 01 / 49 02 056
E-Mail: buergermeisterhaus@t-online.de
Internet: www.buergermeisterhaus.de

Das Bürgermeisterhaus in Werden ist wohl das persönlichste Konzerthaus der Stadt. Die klassizistische Villa wurde 1833 von dem Industriellen Friedrich Vogelsang erbaut und erhielt seinen Namen als Domizil des letzten Werdener Bürgermeisters. Seit 1985 ist das unter Denkmalschutz gestellte Gebäude kultureller Treffpunkt in Werden. Unter schnörkeliger Wandmalerei und edlem Design konzertieren klassische Nachwuchstalente und etablierte Jazz-Musiker. Stilvolle Kammermusik-Abende, Lesungen und Ausstellungen füllen das Haus mit Leben. Nach den Veranstaltungen in dem kuriosen L-förmigen Saal hat das Publikum die Gelegenheit, mit den Künstlern ins Gespräch zu kommen.

Ein kleines Juwel in Werden: Das Kulturzentrum Bürgermeisterhaus aus dem Jahre 1833.

A real treasure: the Werden cultural centre "Bürgermeisterhaus" dating back to 1833.

Un petit joyau à Werden : le centre culturel de la Maison du Bourgmestre (Bürgermeisterhaus) qui date de 1833.

Der kulturelle Treffpunkt für Jung und Alt in Werden: Das Bürgermeisterhaus bietet von Klassik bis Jazz Unterhaltung auf hohem Niveau.

Cultural meeting place for all ages in Werden – the "Bürgermeisterhaus" offers outstanding musical entertainment ranging from classical pieces to jazz.

Le centre culturel de rencontre pour les jeunes et les moins jeunes : la Maison du Bourgmestre propose – de la musique classique au jazz – des manifestations de haut niveau.

Bürgermeisterhaus

The Bürgermeisterhaus in Werden could well be the most "personal" concert hall of the city. The villa, designed in the classical style, was built by the industrialist Friedrich Vogelsang in 1833. It was once home to the last mayor of Werden. Hence the name "Bürgermeisterhaus", simply meaning house of the mayor. The building has been classified as a historic monument; it has served as a cultural meeting place in Werden since 1985. Ornate wall paintings and sophisticated designs are witnesses to up-and-coming classical artists as well as seasoned jazz musicians. Classical chamber music, recitals and exhibitions are a source of endless enjoyment. After the performance, visitors have the opportunity to meet the artists in the unique L-shaped hall.

Maison du bourgmestre

La maison du bourgmestre à Werden est certainement la salle de concert la plus personnelle de la ville. Cette villa de style néo-classique a été construite en 1833 par l'industriel Friedrich Vogelsang et elle a reçu son nom en tant que domicile du dernier maire de Werden. Depuis 1985, cet édifice placé sous la protection des sites est le point de rencontre culturel à Werden. C'est dans un décor de peintures murales ornementales et de design élégant que se produisent en concerts les jeunes talents de la musique classique ou des musiciens de jazz reconnus. Des soirées de musique de chambre, des lectures en public et des expositions de grand style insufflent vie à cette villa. A l'issue des manifestations culturelles organisées dans la curieuse salle en forme de « L », le public a l'occasion de converser avec les artistes.

Colosseum Theater

Stage Entertainment Essen GmbH
Altendorfer Straße 1
45127 Essen
Tel.: 02 01 / 24 02 0
Fax: 02 01 / 24 02 110
Tickets: 01805 / 44 44
E-Mail: buchungsanfrage@tickets24.biz
Internet: www.colosseumtheater.de

Als ehemalige mechanische Werkstatt der Firma Krupp ist das Colosseum Theater ein Paradebeispiel für die Industriekultur und den Wandel der Region. Das Gebäude, das wohl zu den interessantesten Theaterhäusern Deutschlands zählt, markierte früher die Grenze der Innenstadt zur Kruppstadt. Ab hier regierte die Montanindustrie, gab der Stahl den Ton an. Die einzigartige Atmosphäre des Musical-Theaters, in dem die Publikumslieblinge „Elisabeth", „Aida" und derzeit „Das Phantom der Oper" unterhalten, entsteht durch die gleichzeitige Präsenz von Historie und Gegenwart: Die denkmalgeschützte Halle mit ihren Industrierelikten kostümiert sich hier mit moderner Kunst und edlem Design. Die raue Ziegelarchitektur geht mit der zeitgemäßen postindustriellen Ausstattung eine ästhetisch spannende Verbindung ein.

Wo einst Waffen und Eisenbahnen produziert wurden, treffen heute die Musical-Fans das Phantom der Oper.

Once a place dedicated to weapons and railway engines – today fans come to enjoy the musical "Phantom of the Opera".

C'est là où on produisait autrefois des armes et des chemins de fer que les fans de la comédie musicale rencontrent aujourd'hui le Fantôme de l'Opéra.

Beispiel für den Strukturwandel: die ehemalige Krupp-Halle am Berliner Platz, heute als Colosseum Heimat erfolgreicher Musical-Produktionen.

Example of structural change: the former Krupp Hall at Berliner Platz has become home to the Colosseum, renowned for its musical productions.

Un exemple de la mutation structurelle : l'ancienne halle Krupp, aujourd'hui devenue le « Colosseum » à la place « Berliner Platz » qui héberge des productions à succès de comédies musicales.

Colosseum Theatre

The former mechanical workshop of Krupp, the Colosseum Theatre, is a perfect example of industrial culture and the extraordinary changes the region has undergone. The building, which ranks among the most interesting theatres in Germany, once formed the border of the city centre and the industrial site dominated by Krupp. It marked the dividing line between the city and the district in which the coal and steel industry reigned supreme. The unique ambience of this musical theatre, where crowd-pullers like "Elisabeth", "Aida" and "Phantom of the Opera" are staged, is created by the fascinating juxtaposition of past and present. The hall, classified as a historic monument with its proud show of industrial relics, incorporates examples of contemporary art and sophisticated design. The rough brick structure harmonises with the post-industrial design.

Le théâtre « Colosseum »

En tant qu'ancien atelier de mécanique de la société Krupp, le théâtre « Colosseum » constitue un exemple remarquable pour la culture industrielle et la mutation dans la région. L'edifice, qui compte certainement parmi les établissements de théâtre les plus intéressants de l'Allemagne, marquait autrefois la limite entre la cité et la ville de Krupp. A partir de là, c'était l'industrie sidérurgique qui régnait, qui donnait le ton. L'atmosphère, unique en son genre, du théâtre de comédie musicale dans lequel sont donnés les favoris du public « Elisabeth », « Aïda » et, actuellement, « Le fantôme de l'opéra » naît de la cohabitation de l'histoire et du présent. Cette halle, classée monument historique, avec ses reliques de l'ère industrielle se pare ici d'art moderne et de design empreint de noblesse. L'architecture rude en briques se marie à la décoration postindustrielle moderne pour donner naissance à une alliance esthétique passionnante.

Deutsch-Französisches Kulturzentrum

Brigittastraße 34 · 45130 Essen-Rüttenscheid
Tel.: 02 01 / 77 63 89 · Fax: 02 01 / 88 42 316
E-Mail: dtfrzkult-essen@t-online.de
Internet: www.kultur-frankreich.de

Französische Kultur und Lebensart vermittelt das Deutsch-Französische Kulturzentrum in Rüttenscheid. Die Institution ist eine offizielle Vertretung Frankreichs und veranstaltet für die zahlreichen frankophilen Bürger der Stadt spannende Autorenlesungen und Theatergastspiele, Chanson-Abende, Konzerte und Ausstellungen. Ein hervorragendes Training für den Urlaub ist der regelmäßige Besuch von Filmvorstellungen in Originalfassung. Das umfassende Veranstaltungsprogramm wird von der französischen Bibliothek, einer Außenstelle der Stadtbibliothek, ergänzt. Hier stehen rund 16.000 französischsprachige Bücher, Comics, Zeitschriften, CDs, Videos und DVDs zur Verfügung.

Seit vielen Jahren eine wichtige Institution: Das Deutsch-Französische Kulturzentrum unter Leitung von Michel Vincent in Rüttenscheid.

A well-established institution: the German-French cultural centre in Rüttenscheid managed by Michel Vincent.

Depuis de nombreuses années une institution importante : le centre culturel franco-allemand sous la direction de Michel Vincent à Rüttenscheid.

German-French Centre of Culture

The German-French Centre of Culture in Rüttenscheid imparts French culture and a French lifestyle. The institution is an official representative of France and offers the many Francophiles of Essen exciting readings, theatrical plays, chanson evenings, concerts and exhibitions. Films shown in the original language are perfect to brush up on one's French for the next holiday. The extensive programme of events is complemented by the French library, a branch of the city's public library, offering more than 16,000 books, comics, magazines, CDs, videos and DVDs in French.

Centre culturel franco-allemand

Le centre culturel franco-allemand à Rüttenscheid donne une impression de la culture et du style de vie français. Cette institution est une représentation officielle de la France et elle organise pour les nombreux citoyens francophiles de la ville des lectures d'auteurs en public et des représentations de théâtres en tournée, des soirées de chansons, des concerts et des expositions. La visite régulière de représentations cinématographiques en version originale constitue un excellent entraînement pour les vacances. Le vaste programme de manifestations est complété par la bibliothèque française qui est une antenne de la bibliothèque municipale. 16.000 livres, bandes dessinées, magazines, compacts, cassettes vidéo et DVD en langue française y sont disponibles.

Deutsches Plakat Museum

In einem Dornröschenschlaf liegt derzeit das Deutsche Plakat Museum. Die Außenstelle des Museums Folkwang verfügt über mehr als 340.000 Plakate aus den Bereichen Politik, Wirtschaft und Kultur. Darunter viele herausragende Exponate der Jahrhundertwende, u.a. von Toulouse-Lautrec oder Chéret. Als 1969 ein gemeinnütziger Verein die Gründung des Museums beschloss, bestand die Sammlung gerade mal aus 300 Meisterplakaten, die zur Ausbildung von Studenten der Folkwangschule für Gestaltung dienten. Auf Zollverein entsteht derzeit der angemessene Präsentationsrahmen für die grafischen Meisterwerke.

German Poster Museum

The German Poster Museum is still waiting to move to its new location in Zeche Zollverein. The museum's collection includes more than 340,000 posters from the world of politics, culture, industry and commerce. Many of the valuable exhibits date back to the turn of the century, including works by Toulouse-Lautrec and Chéret. When the museum was founded by a non-profit organization in 1969, the collection included fewer than 300 master posters, which were used for student lectures at the Folkwangschule. An area is now being created at Zeche Zollverein, where the graphic masterpieces are to be displayed in suitable surroundings.

Musée allemand des affiches

Le musée allemand des affiches somnole actuellement du sommeil de la Belle au Bois Dormant. L'antenne du musée Folkwang dispose de plus de 340.000 affiches des domaines de la politique, de l'économie et de la culture. Parmi elles, des pièces remarquables de l'époque Fin de Siècle entre autres Toulouse-Lautrec ou Chéret. Lorsqu'une association d'utilité publique décida en 1969 la fondation du musée, la collection se composait tout juste de 300 affiches de maîtres qui servaient à la formation des étudiants de l'école Folkwang de réalisation. Actuellement le cadre de présentation adéquat est en train de naître au « Zollverein » pour les chefs d'œuvre graphiques.

340.000 Plakate beherbergt das Deutsche Plakat Museum. Meisterwerke namhafter Künstler, wie von Prof. Uwe Göbel, sind hier zu sehen.

The Deutsche Plakatmuseum exhibits 340,000 posters designed by many renowned artists, such as Prof. Uwe Göbel.

Le musée allemand des affiches abrite 340 000 affiches. Des artistes réputés ont créé ici des chefs-d'œuvre comme c'est le cas du Prof. Uwe Göbel.

Domschatzkammer

In der Domschatzkammer offenbart sich die glanzvolle Historie der Stadt. Die hier gezeigten sakralen Exponate sind von unschätzbarem Wert und zeugen von der Macht und dem Reichtum der Fürstäbtissinnen, die Stift und Stadt Essen vom 9. bis ins 19. Jahrhundert hinein regierten. Die Goldene Madonna, die von den Bürgern liebevoll als „Essen sein Schatz" betitelt wird, gilt als älteste vollplastische Marienfigur des Abendlandes. Obwohl man bei Damen bekanntlich nicht über das Alter spricht, ist sie mit ihren über 1.000 Jahren unangefochten die älteste Bürgerin der Stadt. Im 9. Jahrhundert, kurz vor der Geburtsstunde der Goldenen Madonna, gründete Bischof Altfrid das freiweltliche Stift für Damen des Hochadels, aus dem die Stadt Essen entstand. Durch die engen verwandtschaftlichen Beziehungen zum ottonischen Herrscherhaus mangelte es den Stiftsdamen weder an Reichtum noch an politischem Einfluss. Ein Zeichen dieser weltlichen Macht ist die Kinderkrone Ottos III., ein Geschenk seiner Patin, der Essener Äbtissin Mathilde. Insignien der Frömmigkeit dagegen sind die vier Vortragekreuze aus ottonischer Zeit. Weltweit sind von diesen Meisterwerken nur sechs Exemplare erhalten. Der fast quadratische Kreuzgang, der sich an die Münsterkirche anschließt, ist eine Oase der Ruhe und lässt schnell den Trubel der nahen Einkaufsmeile vergessen. Er ist jedoch nicht nur ein Ort der Meditation, denn hier findet sich auch die spannende Chronik aller 44 Essener Äbtissinnen.

Burgplatz 2 · 45127 Essen
Tel.: 02 01 / 22 04 206 · Fax: 02 01 / 22 04 236
E-Mail: domschatz@bistum-essen.de · Internet: www.domschatz.info

Einen der bedeutendsten Kirchenschätze des Abendlandes beherbergt die Domschatzkammer mit der über 1.000-jährigen Goldenen Madonna. Neu ist die Krypta unter dem Dom (oben).

The Domschatzkammer houses one of the most renowned church treasures of the occident – the 1000-year-old Golden Madonna. The crypt under the Dom is new (above).

La chambre du trésor de la cathédrale abrite l'un des trésors les plus importants de l'église de l'Occident avec la Madone en Or millénaire. La crypte sous la cathédrale est nouvelle (en haut).

Cathedral Treasury

The Cathedral Treasury reveals the glorious history of the city. The pieces exhibited are of priceless value und bear witness to the great wealth and power of the royal abbesses who governed the religious community of the Stift and Stadt Essen from the 9th up to the 19th century. The Golden Madonna, lovingly referred to by the people of Essen as "our very own treasure", is the oldest known sculpture of its kind in the Occident. It depicts the Virgin Mary. Mentioning a ladies' age is not the done thing - but at the ripe old age of 1,000 she is definitely the most "senior" citizen of Essen. During the 9th century, just before the birth of the Golden Madonna, Bishop Altfrid founded the collegiate church for aristocratic women; it was the very beginning of the city of Essen. Due to the close connection with the Ottonian rulers, the ladies of the Stift enjoyed both wealth and political influence. A symbol of the temporal power is Otto III's miniature crown, a present given to him by his godmother Mathilde, abbess of the Stift. Four processional crosses also date back to Ottonian times. Only six of these masterpieces are known to exist worldwide. The square cloister which leads up to Münsterkirche is an oasis of peace and tranquillity, with the noise and frenzy of the shopping district seemingly miles away. However, it is not only a place for meditation, it is also home to the exciting chronicle of forty-four abbesses who ruled the Stift across the centuries.

Reliquien von Heiligen gehören zum Domschatz wie das Reichsschwert und die Kaiserkrone Ottos III.

The Dom treasure includes saints' relics as well as the imperial sword and crown of Emperor Otto III.

Des reliques de saints font partie du trésor de la cathédrale au même titre que l'épée du Reich ou la couronne impériale de Otto III.

Chambre du trésor de la cathédrale

C'est dans la chambre du trésor de la cathédrale que se révèle toute la brillante histoire de la ville. Les pièces d'art sacré qui sont exposées ici sont d'une valeur inestimable et témoignent de la puissance et de la richesse des princesses-abbesses qui ont gouverné couvent et cité depuis le 9ième jusqu'au début du 19ième siècles. La Madone en or, appelée tendrement « le trésor de Essen » par les citoyens, est considérée comme l'une des statues en pied représentant la Vierge la plus ancienne de l'Occident. Bien qu'il soit inconvenant, comme on sait, de parler de l'âge des dames, celle-ci est, avec ses plus de mille années, sans contestation aucune la citoyenne la plus âgée de la ville. C'est au 9ième siècle, peu avant la création de la Madone en or, que l'évêque Altfried fonde une maison religieuse destinée aux dames de la grande noblesse dont est née la ville de Essen. Du fait de leurs étroites relations familiales avec la dynastie des Ottoniens, les dames du couvent ne manquaient ni de richesses ni d'influence politique. L'un des signes de ce pouvoir temporel est la couronne d'enfant d'Otton III, un cadeau que lui avait fait sa marraine Mathilde, l'abbesse du couvent de Essen. Les quatre croix de procession qui datent de l'époque ottonienne sont par contre des insignes de la piété. Il n'existe plus dans le monde entier que six exemplaires de ces chefs-d'œuvre. Le cloître presque carré directement adjacent à la cathédrale est une oasis de calme qui fait vite oublier l'agitation de la rue commerçante toute proche. Mais ce n'est pas seulement un lieu de méditation puisqu'on y trouve également la chronique passionnante des 44 abbesses de Essen.

Europahaus
Europahaus
Maison de l'Europe

Stratmanns Theater
Kennedyplatz 7
45127 Essen
Tel.: 02 01 / 82 04 060
Fax: 02 01 / 82 04 050
E-Mail: info@stratmanns.de
Internet: www.stratmanns.de

Seit 1994 präsentiert das frühere Amerika- und heutige Europahaus im Herzen der Stadt auf seiner Bühne Kabarett und Kleinkunst. In „Stratmanns Theater im Europahaus" treten die Stars und hoffnungsvollen Talente der Komiker- und Nachdenkerszene auf (u.a. Konrad Beikircher, Volker Pispers oder Jürgen Becker). Überregional bekannt geworden ist das Theater durch das heitere medizinische Kabarett des Doktor Stratmann. Seine unvergleichliche Art ist ein gutes Beispiel für den Exportschlager „Ruhrgebietshumor", mit dem Comedians wie Atze Schröder, Piet Klocke, Ingo Appelt und Herbert Knebel berühmt geworden sind.

Europahaus, formerly America House, is situated at the very heart of the city. Since 1994, it is home to cabaret shows and revues. At "Stratmann Theater im Europahaus" well-established stars as well as up-and-coming comedians and satirists (such as Konrad Beikircher, Volker Pispers and Jürgen Becker) are listed among the entertainers. The amusing "Medical Cabaret of Doctor Stratmann" has made the theatre popular far beyond the city of Essen. Stratman's unique talent is based on Ruhrgebietshumor - the humour of the Ruhr district - which propelled local comedians like Atze Schröder, Piet Klocke, Ingo Appelt and Herbert Knebel to fame.

Depuis 1994 l'ancienne Maison de l'Amérique, aujourd'hui Maison de l'Europe présente sur sa scène, au cœur de la ville, du cabaret et des variétés. Les stars et les espoirs de la scène du comique et de la réflexion (entre autres Konrad Beikircher, Volker Pispers ou Jürgen Becker) jouent au théâtre « Stratmanns Theater im Europahaus ». Le théâtre a acquis une notoriété qui dépasse les limites de la région grâce au joyeux cabaret médical du Docteur Stratmann. Son genre inimitable constitue un bon exemple du hit à l'exportation qu'est « l'humour de la Ruhr » qui a rendu célèbres des comédiens tels que Atze Schröder, Piet Klocke, Ingo Appelt et Herbert Knebel.

Das frühere Amerikahaus und heutige Europahaus ist Heimat der Ruhrgebiets-Kabarettisten. Hausherr ist der sehr erfolgreiche Doktor Stratmann.

The former Amerikahaus, now Europahaus, has become a venue for cabaret artists of the Ruhr district. Doktor Stratmann is the highly successful host.

L'ancienne Maison de l'Amérique, aujourd'hui Maison de l'Europe, est la patrie des cabarettistes de la Ruhr. Le maître de maison est le fameux Docteur Stratmann.

Folkwang Musikschule

Folkwang Music School

Conservatoire de musique Folkwang

WeststadtHalle
Thea-Leymann-Straße 23
45127 Essen
Tel.: 02 01 / 88 44 106
Fax: 02 01 / 88 44 004
E-Mail: info@fms.essen.de
Internet: www.fms.essen.de

E-Gitarre meets Querflöte. In der Folkwang Musikschule erlernen rund 5.000 Schüler Instrumente, Gesangstechniken und Tanzschritte. Damit ist die Institution eine der größten und aktivsten Musikschulen Deutschlands. Sie verfügt über eine große Anzahl von Unterrichtsstätten im gesamten Stadtgebiet, in der Kinder, Jugendliche und Erwachsene von erfahrenen Musik- und Tanzpädagogen unterrichtet werden. Die Zentrale der Folkwang Musikschule hat seit 2003 ein neues Domizil in einer ehemaligen Industriehalle in der Weststadt gefunden. Das Ziegel-/Stahlfachwerk ist in seiner ursprünglichen Form erhalten, jedoch von einer extravaganten Glashülle umgeben. Überdimensionale Notenfragmente verraten schon von weitem die Bestimmung des Gebäudes.

Electric guitar meets transverse flute. At the Folkwang Musikschule more than 5,000 students learn how to play a musical instrument, as well as studying vocal techniques and the intricacies of dancing. Boasting a wide range of courses, the institute is recognised as one of the largest and most active music schools in Germany. It has several locations throughout the city of Essen, where people of all ages, including children, are tutored by experienced music and dancing instructors. In 2003 the centre of the Städtische Musikschule Folkwang found a new home at a former industrial plant in Essen Weststadt. The original brick and steel construction has been given a state-of-the-art glass casing. Vast collages depicting notes indicate the new use of the building.

Einige der 5.000 Schüler der Folkwang Musikschule werden in der WeststadtHalle unterrichtet.

Some of the 5,000 students attending Folkwang Musikschule are taught at the facilities of WeststadtHalle.

Quelques-uns des 5.000 élèves du Conservatoire de Musique Folkwang (Folkwang Musikschule) suivent les cours dans la halle WeststadtHalle.

La guitare électrique rencontre la flûte traversière. Au conservatoire de musique Folkwang, près de 5.000 élèves apprennent à jouer d'un instrument, des techniques de chant ou des pas de danse. Ce qui fait de cette institution l'un des conservatoires de musique les plus grands et les plus actifs de l'Allemagne. L'institution dispose d'un grand nombre d'établissements répartis dans toute la ville et dans lesquels l'enseignement est dispensé aux enfants, aux adolescents et aux adultes par des pédagogues expérimentés dans le domaine de la musique et de la danse. L'institut central de l'école supérieure Folkwang a trouvé depuis 2003 un nouveau domicile dans une ancienne halle industrielle dans les quartiers Ouest de la ville. La construction en briques avec charpente en acier a été conservée dans sa forme initiale mais entourée d'une enveloppe extravagante en verre. Des fragments de partitions surdimensionnés trahissent déjà de loin la destination du bâtiment.

Reichsabtei und Folkwang-Hochschule: Die historische Stätte lockt Studenten aus aller Welt an.

Reichsabtei and Folkwang-Hochschule: the historical location attracts students from all over the world.

Abbaye d'empire et école supérieure Folkwang: ces lieux historiques attirent étudiants venus du monde entier.

108 Folkwang Hochschule

Der Name Folkwang entstammt der nordischen Mythologie und bedeutet soviel wie „Volkshalle". Karl Ernst Osthaus, ein Hagener Industrieller, benannte 1902 sein Museum für zeitgenössische Kunst danach. Der Name sollte Programm sein. Menschen aus allen gesellschaftlichen Schichten sollten sich in seiner Sammlung mit den schönen Künsten auseinandersetzen können. Aus der revolutionären Anfangsidee, die nicht etwa als Zeitvertreib, sondern durchaus als „Volkserziehung" gemeint war, erwuchs eine pädagogische Leitlinie. Die Einheit der Künste sollte die Region beleben und den Horizont der Menschen erweitern. Heute, nach mehr als einem Jahrhundert, steht die Folkwang Hochschule, die aus der von Osthaus gegründeten Reformschule Folkwangschule hervorgegangen ist, für interdisziplinäres Lernen und überragendes künstlerisches Niveau. Die besondere Studienform hat sich längst profiliert, und die Absolventen genießen international einen hervorragenden Ruf. Mittlerweile gibt es im Ruhrgebiet vier Folkwang-Hochschulstandorte. Der Essener Hochschulzweig ist in der barocken Prälatur der ehemaligen Reichsabtei in Werden untergebracht. Die Konzerte, Theatervorstellungen, Ausstellungen und Tanzveranstaltungen der Studierenden gehören zum festen Bestandteil des Essener Kulturlebens.

Klemensborn 39 · 45239 Essen-Werden
Tel.: 02 01 / 49 03 0 · Fax: 02 01 / 49 03 288
Telefonische Kartenbestellung: 02 01 / 49 03 231
E-Mail: rektor@folkwang-hochschule.de
Internet: www.folkwang-hochschule.de

Folkwang College

The name Folkwang can be traced back to Nordic mythology and stands for "hall of the people". Karl Ernst Osthaus, a Hagen industrialist, chose the name for his Museum of Contemporary Art. The name was also meant to convey the idea of a museum "conceptualised for people from all walks of life", offering a collection of fine arts. From this revolutionary idea, which was not simply a pastime but actually aimed at "enlightening the masses", an educational guideline evolved. The main focus was on revitalising the region and broadening people's horizons. Today, after more than a century, Folkwang Hochschule, which evolved from the original reformist Folkwangschule founded by Karl Ernst Osthaus, stands for interdisciplinary studies and exceptional artistic standards. The special type of study has proved highly successful, and students have been able to make a name for themselves on an international level. In the meantime there are four Folkwang Hochschule locations in the Ruhr district. The Essen branch of the college has found a home in the Baroque residence of the prelate in the former Reichsabtei Werden. Concerts, theatre performances, exhibitions, as well as ballet and modern dancing presented by the students are well-known fixtures on the city's list of cultural events.

L'école supérieure Folkwang

Le nom Folkwang est issu de la mythologie nordique et signifie à peu près « halle du peuple ». C'est le nom que choisit Karl Ernst Osthaus, un industriel de Hagen, en 1902 pour son musée d'art contemporain. Il souhaitait que le nom soit en même temps un programme. Des personnes de toutes les couches sociales devaient pouvoir, dans sa collection, réfléchir aux beaux-arts. Cette idée initiale révolutionnaire qui n'était pas conçue comme un passe-temps mais au contraire tout à fait comme une « éducation populaire » est devenue une ligne directrice pédagogique. L'unité des arts devait animer la région et élargir l'horizon des individus. Aujourd'hui, après plus d'un siècle, l'école supérieure Folkwang qui s'est développée à partir de l'école « Reformschule Folkwangschule » fondée par Osthaus, est devenue synonyme d'un enseignement interdisciplinaire et d'un niveau artistique remarquable. La forme particulière d'études a, depuis longtemps déjà, affirmé ses contours et ses anciens élèves jouissent à l'échelon international d'une excellente réputation. Il y a maintenant dans la région de la Ruhr quatre sites de l'école supérieure Folkwang. La branche universitaire de Essen est installée dans la maison des prélats de style baroque de l'ancienne abbaye de l'empire à Werden. Les concerts, représentations théâtrales, expositions et spectacles de danse des étudiants sont partie intégrante de la vie culturelle de Essen.

Schauspiel, Ballett, Musical, Gesang, Instrumente – die Talent-Schmiede in Werden genießt einen internationalen Ruf.

Theatre, ballet, musicals, vocals and musical instruments – the talent hothouse in Werden is internationally renowned.

Théâtre, ballet, comédie musicale, chant, instruments – cette « forge aux talents » jouit d'une réputation internationale.

Forum Kreuzeskirche

Kreuzeskirche Forum

Forum Église de la Sainte-Croix

Rottstr. 9 · 45127 Essen
Tel. 02 01 / 24 86 547 · Fax: 02 01 / 24 86 549
E-Mail: info@forum-kreuzeskirche.de
Internet: www.forum-kreuzeskirche.de

Zu einer aktiven Begegnungsstätte von Kultur, Wissenschaft und Klerikern ist die Kreuzeskirche geworden. Die Gründung des Forums geht auf eine Initiative von Bürgern der Stadt, Mitgliedern der Universität, des Kulturwissenschaftlichen Instituts, der ev. Kirchengemeinde Altstadt-Mitte und der Folkwang Hochschule zurück. Das Forum Kreuzeskirche widmet sich jedes Jahr einem bestimmten Thema (z.B. Messiaen 2002, Entartete Musik etc.). Die Initiative trägt zum Erhalt der denkmalgeschützten Kreuzeskirche als Kulturstätte mit überregionaler Bedeutung bei.

The Kreuzeskirche has become an active meeting point for culture, science and members of the clergy. The forum was founded by an initiative of Essen citizens, members of the university, the Institute for Cultural Studies, the community of the Protestant church Altstadt-Mitte and the Folkwang Hochschule. Each year the Kreuzeskirche Forum focuses on a special subject, such as Messiaen 2002, degenerated music, etc. The project supports the preservation of the church - a listed building - as a national place of culture.

L'église de la Sainte-Croix est devenue un centre actif de rencontres de la culture, des sciences et du clergé. La fondation du Forum remonte à une initiative de citoyens de la ville, de membres de l'université, de l'institut culturel scientifique, de la paroisse protestante Altstadt-Mitte et de l'école supérieure Folkwang. Le Forum de l'Eglise de la Sainte-Croix se consacre chaque année à un thème précis (par exemple Messiaen 2002, musique dénaturée, etc.). L'initiative contribue à l'entretien de l'église, classée monument historique, de la Sainte-Croix en tant que lieu culturel d'une importance supra-régionale.

Gotteshaus und vielseitiger Begegnungsort ist das Forum Kreuzeskirche in der City von Essen.

Kreuzeskirche Forum – place of worship and meeting point in the city centre of Essen.

Le « Forum Eglise de la Sainte-Croix » (Forum Kreuzeskirche) dans la cité de Essen est devenu à la fois maison du Seigneur et lieu de rencontre aux vocations diverses.

Forum Kunst und Architektur

Das Forum Kunst und Architektur ist Treffpunkt und Schnittstelle zwischen Kunst und Architektur. Mit dem Zusammenschluss des „Ruhrländischen Künstlerbunds", des „Werkkreises bildender Künstler" und des „Bunds deutscher Architekten" soll die Kommunikation zwischen den verschiedenen Künsten gefördert werden. Alle 4-5 Wochen werden neue Ausstellungen gezeigt. 2003 ist der „Kunstverein Ruhr" neu dazugezogen und präsentiert sich in einem eigenen Raum. Neben den Ausstellungen gibt es eine Reihe von Veranstaltungen, Vorträgen und Künstlergesprächen.

Kunst und Architektur vernetzen sich im Forum am Kopstadtplatz in der City.

Art and architecture form a close alliance in the Forum at Kopstadtplatz in the city centre.

L'art et l'architecture se marient au Forum de la place Kopstadtplatz dans la cité.

Kopstadtplatz 12
45127 Essen
Tel.: 02 01 / 61 61 98 85
Fax: 02 01 / 61 61 98 86

Forum Art and Architecture

The Forum for Art and Architecture is a meeting place as well as an interface between art and architecture. The amalgamation of the "Ruhrländischer Künstlerbund", the "Werkkreis bildender Künstler" and the "Bund deutscher Architekten" is aimed at promoting the exchange of information between the various art forms. New exhibitions are shown at intervals of four to five weeks. In 2003 the "Kunstverein Ruhr" joined the project and now has its own premises. Alongside the exhibitions, a number of other events are offered, including lectures and discussions with artists.

Forum art et architecture

Le Forum d'art et d'architecture est à la fois point de rencontre et interface entre l'art et l'architecture. La réunion des associations « Ruhrländischer Künstlerbund », « Werkkreis bildender Künstler » et « Bund deutscher Architekten » a pour objet de promouvoir la communication entre les différents arts. Des expositions nouvelles sont présentées toutes les 4 à 5 semaines. En 2003 l'association « Kunstverein Ruhr » est venue s'y joindre et elle se présente dans son propre local. A côté des expositions, il y a une série de manifestations telles que des conférences et des entretiens entre artistes.

Galerien in Essen

Galleries in Essen

Galeries à Essen

Das Angebot der Essener Galerien ist so vielfältig wie die gesamte Kulturlandschaft der Stadt. Eine der traditionsreichsten ist die Galerie Neher. Sie zeigt jedes Jahr bis zu sechs Ausstellungen der klassischen Moderne, Kunst nach 1945 sowie zeitgenössischer Artefakte. Der umfangreiche Bestand an Bildern wird ergänzt durch kontinuierlichen Erwerb der Arbeiten aktueller Künstler sowie durch Nachlässe und Privatsammlungen. Die wohl bedeutendste Sammlung moderner Kunst besitzt der Essener Mediziner und Kunstsammler Thomas Olbricht. Dessen Galerie 20.21 umfasst unter anderem das nahezu komplette grafische Werk Gerhard Richters, Bilder von Baselitz und Polke, Fotografien von Cindy Sherman oder Skulpturen von Mataré. Die Zusammenarbeit mit dem Museum Folkwang ermöglicht dem breiten Publikum einen kleinen Einblick in die fulminante Sammlung.

The art work shown by Essen galleries is as varied as the city's cultural landscape. One of the most traditional galleries is Galerie Neher. Each year up to six exhibitions are presented, including works from the early 20th century, art from 1945 onwards, as well as contemporary artefacts. The extensive collection of paintings has grown as a result of newly purchased works by contemporary artists, bequests and private collections. The most significant collection of modern art is owned by Thomas Olbricht, doctor of medicine and art collector. His gallery 20.21 includes the almost complete range of graphic works by Gerhard Richter, paintings by Baselitz and Polke, photographs by Cindy Sherman and sculptures by Mataré. Thanks to a partnership with the Folkwang Museum, part of the extensive Olbricht collection is open to the public.

Galerie 20.21
Meisenburgstraße 169 - 173
45133 Essen
Tel.: 02 01/ 87 10 00
Fax: 02 01/ 87 10 010
E-Mail: info@2021art.com
Internet: www.2021art.com

Galerie Neher
Kaninenberghöhe 8
45136 Essen
Tel.: 02 01 / 26 69 90
Fax: 02 01 / 26 69 943
E-Mail: info@gallery-neher.com
Internet: www.gallery-neher.com

Essen ist Heimat von zahlreichen bedeutenden Galerien. Die Galerie Neher und die Galerie 20.21 gehören zu den erfolgreichsten der Kulturhauptstadt.

Essen, city of culture, is home to many renowned galleries, with Galerie Neher and Galerie 20.21 ranking among the most successful.

Essen héberge de nombreuses galeries d'art importantes. La Galerie Neher et la Galerie 20.21 comptent parmi les plus brillantes de la capitale culturelle.

L'offre des galeries de Essen est aussi variée que le paysage artistique de la ville dans son ensemble. L'une des galeries dont la tradition est la plus longue est la galerie Neher. Elle présente chaque année jusqu'à six expositions de l'art moderne classique, de l'art après 1945 et des artéfacts contemporains. L'inventaire considérable en tableaux est complété par l'acquisition permanente des travaux d'artistes actuels ainsi que par des héritages et des collections privées. C'est Thomas Olbricht, médecin et collectionneur d'art de Essen, qui possède vraisemblablement la collection d'art moderne la plus importante. Sa « Galerie 20.21 » comprend entre autres la presque totalité de l'œuvre graphique de Gerhard Richter, des tableaux de Baselitz et Polke, des photographies de Cindy Sherman ou des sculptures de Mataré. La coopération avec le musée Folkwang permet au grand public de jeter un regard sur la collection fulminante du galeriste Olbricht.

GOP Varieté

Rottstraße 30
45127 Essen
Tel.: 02 01 / 247 93 93
Fax: 02 01 / 247 93 94
E-Mail: info@variete.de
Internet: www.variete.de

Internationale Spitze bietet das beliebte GOP Varieté seit 1996.

The popular GOP variety theatre opened in 1996 and enjoys international renown.

Le GOP Variété propose depuis 1996 ce qu'il y a de mieux au niveau international.

Kunstgenuss und Genusskunst verbinden sich im GOP Varieté in gediegenem, nostalgischem Ambiente zu einem Gesamtkunstwerk. Seit 1996 bezaubert es seine Gäste mit Live-Unterhaltung auf Weltniveau. Da kann es schon mal passieren, dass dem Zuschauer zwischen zwei delikaten Häppchen der Atem stockt, denn die Akrobaten und Illusionisten lassen für eine Weile Raum und Zeit vergessen.

In a highly sophisticated, nostalgic ambience, the Georgspalast variety show blends art and pleasure to create the perfect experience. Since 1996 the show has been offering its audiences live entertainment of international renown. The colourful group of acrobats and illusionists holds spectators spellbound with their spectacular acts - it's so exciting that the culinary delights on offer sometimes have to take second place.

Régal artistique et art du régal s'associent à Essen au théâtre « GOP Variété » dans une ambiance élégante et nostalgique pour se fondre en une œuvre globale. Depuis 1996, il enchante ses hôtes avec des attractions de niveau mondial présentées en direct. Il peut alors se produire que le spectateur retienne tout d'un coup sa respiration entre deux petits délices gastronomiques parce que les acrobates et les illusionnistes font oublier pour un instant l'espace et le temps.

Grend Kulturzentrum mit dem Theater Freudenhaus

Wenn Rock-, Pop- und Weltmusikkonzerte im soziokulturellen Zentrum „Grend" in Steele angesagt sind, dann wackeln die Wände. Stiller, aber nicht weniger gut besucht sind die Kunstausstellungen, Workshops und Seminare der ehemaligen „Rektoratsschule". Unangefochtene Publikumslieblinge sind jedoch die Ruhrgebietskomödien von Sigi Domke, die das Ensemble des „Theater Freudenhaus" vor meistens ausverkauftem Haus spielt. Die Bühne, die 1986 gegründet wurde, ist sozusagen die Geburtsstätte der Ruhrgebietskomödie. Seit 1996 ist sie im Grend eine feste Institution und lässt kein Auge trocken. Mit über 200 Vorstellungen pro Jahr ist das Theater Freudenhaus eine der erfolgreichsten freien Bühnen in NRW.

Westfalenstraße 311
45276 Essen-Steele
Tel.: 02 01 / 85 13 210 / -20 / -30
Fax: 02 01 / 85 13 250
E-Mail: grend@t-online.de
Internet: www.grend.de

Freude im Freudenhaus des Grend in Steele: Hier ist die Heimat einer der erfolgreichsten freien Bühnen von NRW.

Freudenhaus im Grend theatre in Steele – one of the most successful independent theatres in North Rhine-Westphalia.

La Maison du « Grend » à Steele : c'est la patrie de l'une des scènes les plus glorieuses du land de Rhénanie du Nord-Westphalie.

Grend Cultural Centre and Freudenhaus Theatre

The "Grend" socio-cultural centre in Steele is an absolute must for fans of rock concerts, pop music and international music events. Not quite as lively but equally popular are art exhibitions, workshops and seminars held at the former "Rektoratsschule". However, there is nothing that can top the sketches and plays by Sigi Domke, who brings the regional humour to life. The shows have become very popular, with the cast of "Theater Freudenhaus" usually playing to a full house. The theatre, which was opened in 1986, is the birth place of the local comedy scene that draws heavily on the humour of the Ruhr district. It has been firmly established in the Grend since 1996, developing into a crowd-puller. With its 200 performances each year, Theater Freudenhaus is one of the most successful free theatres in North Rhine-Westphalia.

Centre culturel « Grend » avec le théâtre « Theater Freudenhaus »

Lorsque des concerts de musique Rock, pop ou des musiques du monde ont lieu au centre socio-culturel « Grend » à Steele, les murs vibrent. C'est plus calme mais cela n'attire pas moins de visiteurs lors des expositions d'art, des ateliers et séminaires de l'ancienne « Rektoratsschule ». Les favoris incontestés du public sont cependant les comédies de la Ruhr de Sigi Domke que l'ensemble du « Theater Freudenhaus » joue généralement devant une salle comble. Cet établissement scénique qui fut fondé en 1986 est pratiquement le berceau de la comédie de la Ruhr. Depuis 1996 il est devenu une véritable institution au « Grend » et fait pleurer de rire tous les spectateurs. Avec plus de 200 représentations par an, le « Theater Freudenhaus » est l'une des scènes libres qui rencontre le plus grand succès en Rhénanie du Nord - Westphalie.

Grillo Theater

Grillo Theatre

Théâtre « Grillo »

Theaterplatz 11
45127 Essen
Tel.: 02 01 / 81 22 200
Fax: 02 01 / 81 22 201
E-Mail: abobuero@theater-essen.de
Internet: www.theater-essen.de

Das Repertoire des Schauspielhauses beginnt bei klassischen Dramentexten und reicht über die Werke von Gegenwartsautoren bis hin zu experimentellen Formen des Theaters. Das Grillo Theater steht für junges unprätentiöses Schauspiel. Das neoklassizistische Bauwerk trägt den Namen des Industriellen Friedrich Grillo, der den Bau 1887 ermöglichte. In der gegenüber liegenden Spielstätte „Casa" gelangen bevorzugt Stücke zur Aufführung, die das Lebensgefühl junger Menschen thematisieren.

The repertoire of the Grillo Theater includes classical drama as well as plays by contemporary authors and experimental theatre. An emphasis is placed on promoting young and unpretentious theatre. The neo-classicist building has been named after the industrialist Friedrich Grillo, who donated the playhouse to the city of Essen in 1887. The Casa playhouse is situated opposite the Grillo theatre. Its focus is on works which portray the lifestyle of young people.

Le répertoire du théâtre commence avec les textes de drames classiques, passe par les oeuvres d'auteurs contemporains pour s'étendre jusqu'aux formes expérimentales du théâtre. Le théâtre « Grillo » est synonyme d'un théâtre jeune et sans complications. L'édifice de style néo-classique porte le nom de l'industriel Friedrich Grillo qui en permit la construction en 1887. L'établissement scénique « Casa » qui lui fait face met de préférence en scène des pièces qui ont pour thème la sensation de vie des jeunes.

Essens Schauspiel feiert im Grillo Theater Triumphe: Das Haus schenkte der Industrielle Friedrich Grillo den Bürgern seiner Heimatstadt.

Extremely popular: the Grillo Theater in Essen. The theatre was bequeathed to the people of Essen by the industrialist Friedrich Grillo.

La troupe théâtrale de Essen fête de véritables triomphes au Théâtre Grillo : c'est l'industriel Friedrich Grillo qui a fait cadeau de l'édifice aux citoyens de sa ville.

Grillo live: Das Schauspielhaus ist immer ein Magnet in der Innenstadt.

Grillo live: The theatre located in Essen's city centre is a great crowd-puller.

Grillo live : le théâtre a toujours été un pôle d'attraction dans la cité.

Grugapark

In der bizarren Bergwelt rauscht der Wasserfall, seichte Wellen umspielen die langen roten Beine der Flamingos und drei freche Pelikane watscheln gemütlich über das sanfte Grün der Wiesen. Das ist Essen. Das ist das Paradies. Zumindest für erholungssuchende Essener, vergnügungsfreudige Kinder und alle anderen Bürger der Stadt. Die Gruga ist seit 1929 einer der beliebtesten Freizeittreffs. Die „Große Ruhrländische Gartenbau-Ausstellung" (Gruga) kann auf 70 ha mit Themengärten wie dem Mittelmeer-, Bauern-, Kräuter- oder Rosengarten, Tropenhäusern und der größten Nadelgehölzsammlung Europas aufwarten. Erwachsene begeistern sich für Sportangebote, den Wellness-Bereich „Kur vor Ort", Konzerte oder Kunstausstellungen. Kinder zieht es in die riesige Vogelfreifluganlage, das Wildgehege, den Streichelzoo oder auf einen der Abenteuerspielplätze. Neben zahlreichen kulturellen Veranstaltungen bietet die Gruga einen besonderen Kunstgenuss: Sie ist auch ein Skulpturenpark. Bemerkenswert sind unter anderem Werke von August Rodin, Henry Moore oder Alfred Hrdlicka. Wer sich einen Überblick über die Gruga verschaffen oder die Füße schonen will, der steigt zum Beispiel in die „Zornige Ameise". Die Miniaturbahn zuckelt in gemütlichem Tempo am Hundertwasserhaus, an den Glaspyramiden und der Orangerie vorbei.

Haupteingang: Alfred-/Norbertstraße
45147 Essen
Tel.: 02 01 / 88 83 106
Fax: 02 01 / 88 83 007
E-Mail: info@grugapark.de
Internet: www.grugapark.de

Die Gruga ist nicht nur der Central Park für das Ruhrgebiet, sie verfügt auch über eine Reihe von bedeutenden Skulpturen.

The Gruga is more than a "central park" for the Ruhr district – it is also home to a number of renowned sculptures.

La Gruga ce n'est pas seulement le « Central Parc » pour la région de la Ruhr, elle dispose en plus d'une série de sculptures d'une grande importance.

In the rugged mountainscape a waterfall roars down the rock face, shallow waves ripple around the long legs of a group of red flamingos and three cheeky pelicans waddle slowly across lush green meadows. That is Essen - a true paradise. Or at least it is the part of Essen much frequented by excited children and other visitors looking for moments of unspoilt pleasure. The Gruga has been one of the most popular leisure parks since it was first opened in 1929. The "Grosse Ruhrländische Gartenbau-Ausstellung" or "Gruga" proudly presents special themed gardens such as the Mediterranean garden, the cottage garden, a herb and rose garden, tropical greenhouses and the largest collection of European conifers. Visitors are offered a large choice of entertainment including sport activities, wellness and spas, concerts and art exhibitions. Children are thrilled by the vast aviaries, the game park, the petting zoo and the adventure play grounds. Apart from the many cultural events, the Gruga offers a very special treat for art lovers - an exciting collection of sculptures, including works by August Rodin, Henry Moore and Alfred Hrdlicka. The miniature train "Die Zornige Ameise" offers a pleasant trip around the park and gardens for those wishing to take the weight off their feet. It leads past Hundertwasserhaus, the glass pyramids and the Orangerie.

Dans ce paysage bizarre de montagnes, on entend le bruissement de la cascade, des vagues douces entourent les pattes fines des flamands roses et trois pélicans insolents traversent en se dandinant le vert tendre des prés. Voilà, ça, c'est Essen. C'est le paradis. Tout au moins pour les habitants de Essen qui cherchent le repos, les enfants avides de s'amuser et tous les autres citoyens de la ville. La « Gruga » est depuis 1929 l'un des points de rencontre favoris des familles. La grande exposition d'horticulture de la Ruhr (Grosse Ruhrländische Gartenbau-Ausstellung, d'où l'abréviation « Gruga ») propose sur 70 hectares des jardins à thèmes comme le jardin méditerranéen, le jardin paysan, le jardin d'apothicaire ou la roseraie, des serres de plantes tropicales et la plus grande collection de résineux d'Europe. Les adultes s'enthousiasment pour les offres sportives, la zone wellness « Cure sur place », les concerts ou les expositions d'art. Les enfants sont attirés par le terrain gigantesque de vol en liberté des oiseaux, le parc à gibier, le « zoo à caresser » ou l'un des terrains de jeux d'aventure. A côté de nombreuses manifestations culturelles, la Gruga propose un régal artistique particulier : elle est aussi un parc de sculptures. A remarquer entre autres des oeuvres d'Auguste Rodin, de Henry Moore ou d'Alfred Hrdlicka. Celui qui souhaite avoir une vue d'ensemble de la « Gruga » ou qui veut épargner ses jambes n'a qu'à monter dans la « fourmi en colère » (Zornige Ameise). Le chemin de fer en miniature chemine à une allure reposante le long de la maison construite par Hundertwasser, des pyramides en verre et de l'Orangerie.

Freizeit und Besinnung, Spaß und Ruhe: Der Grugapark bietet Attraktionen für alle Ansprüche. Heute ist er sogar ein gefragter Kurpark.

A place for leisure, relaxation and fun: the Grugapark caters for a diverse range of tastes and even includes well-established spa gardens.

Loisirs et réflexion, plaisir et calme : le parc de la Gruga propose des attractions pour tous les goûts. Il est même aujourd'hui un parc de cure très demandé.

Katakomben

Katakomben Theatre

Théâtre des catacombes

Girardetstraße 2-38
45131 Essen-Rüttenscheid
Tel.: 02 01 / 81 41 494
Fax: 02 01 / 81 41 495
E-Mail: info@katakomben-theater.de
Internet: www.katakomben-theater.de

Die „Katakomben" im Girardet Haus – ein Theater unter türkischer Leitung.

The "Katakomben" theatre in Girardet Haus is managed by the Turkish community.

Le théâtre des « Catacombes » dans la maison Girardet – un théâtre sous direction turque.

Das Ruhrgebiet ist ein Schmelztiegel der Nationen, in dem sich das Theater Katakomben im Girardet Haus unter neuer türkischer Leitung sogleich in die Herzen des Publikums gespielt hat. In dem facettenreichen internationalen Programm haben neben Kabarett und Comedy, Literatur und Kindertheater vor allem Weltmusik und internationaler Jazz einen hohen Stellenwert. Bei kulturhungrigen jungen Türkinnen und Türken erfreut sich das zeitgenössische türkische Theater großer Beliebtheit. Ungewöhnlich für deutsche Ohren: Die Katakomben führen auch an neue und alte türkische Musik heran.

The Ruhr District is a melting pot of many nations. The Katakomben theatre located in Girardet Haus has appointed a Turkish director and has become a great favourite with Essen audiences. The programme offers a variety of international entertainment, including cabaret and comedy, literature and children's theatre, international musical events, as well as a choice of jazz music. For the young Turkish community the contemporary Turkish theatre has become an absolute must. The Katakomben theatre also features traditional as well as new forms of Turkish music.

La région de la Ruhr est un véritable creuset des nations dans lequel le théâtre « Katakomben » dans la maison Girardet a conquis d'emblée, sous sa nouvelle direction turque, le cœur du public. Dans le programme international aux facettes multiples, ce sont avant tout - à côté du cabaret et du show, de la littérature et du théâtre pour enfants - les musiques du monde et le jazz international qui occupent une place de tout premier plan. Pour les jeunes Turcs, jeunes filles et jeunes hommes avides de culture, le théâtre turc contemporain est un élément très apprécié. Des sons inhabituels pour les oreilles allemandes : les catacombes permettent également de faire la connaissance de la musique turque, nouvelle et ancienne.

Kleines Theater
Kleines Theater
Le Petit Théâtre

Gänsemarkt 42 · 45127 Essen
Tel.: 02 01 / 52 09 852
E-Mail: KleinesTheater@aol.com
Internet: www.kleines-theater-essen.de

Auf die Initiative des Folkwang-Schülers Helmut Gahmann geht die Gründung des Kleinen Theaters vor 40 Jahren zurück. Der passionierte Schauspieler gründete mit Freunden ein Ensemble, das immer wieder durch Profi-Schauspieler und talentierte Amateure ergänzt wurde. Vor über 30 Jahren zog die Truppe in ein festes Haus am Gänsemarkt, wo auch heute noch mit viel Idealismus, aber ohne den inzwischen verstorbenen Helmut Gahmann Klassiker und Stücke der Moderne aufgeführt werden.

Klein, ungewöhnlich, kultig: Das Theater am Gänsemarkt wurde vor über 40 Jahren gegründet.

The Theater am Gänsemarkt has a very special charm. It was first opened 40 years ago and enjoys cult status.

Petit, peu ordinaire, « culte » : le « Théâtre du marché aux oies » (Theater am Gänsemarkt) a été fondé il y a plus de 40 ans.

The Kleines Theater Essen was founded by the Folkwang student Helmut Gahmann forty years ago. Together with several friends, the passionate actor established a basic cast which was complemented by professional actors and talented amateurs. More than 30 years ago the group moved to a building at Gänsemarkt, where classic theatre as well as modern works are still performed with the same youthful idealism, albeit without the deceased Helmut Gahmann.

La fondation du « Kleines Theater » il y a 40 ans est due à l'initiative de Helmut Gahmann, un élève de Folkwang. Cet acteur de théâtre passionné créa, avec des amis, un ensemble qui fut constamment complété par des acteurs professionnels et des amateurs talentueux. La troupe s'installa, il y a plus de 30 ans, dans un établissement fixe situé sur la place du marché aux oies (Gänsemarkt) où on joue encore, avec beaucoup d'idéalisme mais sans Helmut Gahmann décédé dans l'intervalle, des grands classiques et des pièces modernes.

Kulturpfad

Culture Trail

Le sentier culturel

In der Innenstadt leuchtet was. Klein und blau und unübersehbar. Alle paar Meter. Von der Keimzelle der Stadt aus führt der illuminierte Pfad vorbei an der Hohen Domkirche des Ruhrbischofs mit der Domschatzkammer, dem spektakulären Neubau der Volkshochschule, der Lichtburg, die eines der schönsten deutschen Kinos ist, und dem Aalto Theater. Der Kulturpfad führt rechts an der Philharmonie vorbei, hin zu den Skulpturen im Stadtpark und geradewegs in das Museumsviertel. Zwischen den Pflastersteinen weisen kleine blaue Leuchtquadrate Entdeckern den Weg. Der Kulturpfad verbindet städtische Kunst, Architektur und Skulpturen optisch miteinander und regt zu einer neuen Wahrnehmung an.

Small lights guide visitors through the city - brilliant blue and placed every metre or so, they are hard to miss. The illuminated path leads from the very centre of the city past Hohe Domkirche, seat of the Ruhr Bishop and home to the cathedral treasury, the spectacular new building of the Volkshochschule, the Lichtburg, one of the most beautiful cinemas in Germany, and the Aalto Theater. The culture trail turns right past the Philharmonie, past sculptures in the Stadtpark and right into the centre of the impressive complex of museums. Adventurers exploring the city only have to follow the small illuminated squares. The route blends city art, architecture and sculptures, creating an entirely new way of perception.

Dans la cité quelque chose brille. C'est petit et c'est bleu mais on ne saurait l'ignorer. Tous les quelques mètres. En partant de ce qui fut l'origine de la ville, le sentier lumineux longe la haute cathédrale de l'évêque de la Ruhr avec la chambre du trésor de la cathédrale, le nouvel édifice spectaculaire de l'université populaire, le palais des lumières (Lichtburg) qui est l'un des plus beaux cinémas allemands et le théâtre Aalto. Le sentier culturel conduit à droite le long de la Philharmonie jusqu'aux sculptures du parc municipal et tout droit dans le quartier des musées. Entre les pavés, des petits carrés bleus lumineux montrent le chemin aux aventuriers. Le sentier culturel relie optiquement les uns aux autres l'art, l'architecture et les sculptures de la ville et incite à une perception d'un type nouveau.

122

Kulturwissenschaftliches Institut

Das Kulturwissenschaftliche Institut in Essen ist als außeruniversitäre Forschungseinrichtung Mitglied des Wissenschaftsforums Ruhr. Hier werden laut Satzung „Grundprobleme der kulturellen Bestimmtheit des menschlichen Lebens, insbesondere Probleme einer durch Technik, Wissenschaft und Industrie geprägten Kultur", erforscht. Seit 1998 beschäftigen sich die internationalen wissenschaftlichen Gäste des Instituts in interdisziplinären Studiengruppen mit Themen wie „Ästhetische Inszenierung der Demokratie", „Revierkultur", „Staatswerdung Europas", „Sinnkonzepte als Orientierungssysteme" oder „Politische Theorie der Massenkultur". Die eingeladenen Wissenschaftler präsentieren ihre Forschungsergebnisse abschließend in Vorträgen, Tagungen und Publikationen der Öffentlichkeit und wollen so einen konstruktiven Dialog anstoßen.

Kulturwissenschaftliches Institut

The Kulturwissenschaftliches Institut in Essen is a non-university-affiliated research institute and a member of the regional association Wissenschaftsforum Ruhr. According to its statuts, the institute focuses on research into the "fundamental issues associated with cultural determinants of human life, in particular the problems relating to culture dominated by technology, science and industry". Since its inception in 1998, the institute has also hosted a number of interdisciplinary study groups, allowing international guests from the field of academia to focus on specialist topics such as "The Aesthetic Depiction of Democracy", "Culture of the Ruhr", "The Evolution of Europe as a State", "Concepts of Meaning as Orientation Systems" or "The Political Theory of Mass Culture". Invited guests have the opportunity to present their research findings to the public as part of lectures, conferences and publications, the objective being to promote constructive dialogue.

Institut scientifique culturel

L'institut scientifique culturel de Essen est, en tant qu'institut de recherche extra-universitaire, membre du forum scientifique de la Ruhr (Wissenschaftsforum Ruhr). C'est là qu'on étudie, selon les statuts, « les problèmes fondamentaux de la détermination culturelle de la vie humaine, en particulier les problèmes d'une culture portant l'empreinte de la technique, des sciences et de l'industrie ». Des chercheurs internationaux, hôtes de l'institut, se consacrent depuis 1998, dans le cadre de groupes d'études interdisciplinaires, à des thèmes tels que « La mise en scène esthétique de la démocratie », « La culture de la région minière », « L'Europe en voie de devenir un Etat », « Les concepts des sens en tant que systèmes d'orientation » ou « Théorie politique de la culture de masse ». Les chercheurs invités présentent ensuite les résultats de leur recherche au grand public dans le cadre de conférences, de réunions et de publications et souhaitent lancer ainsi un dialogue constructif.

Kunsthaus

Kunsthaus

La maison des arts

Rübezahlstraße 33 · 45134 Essen-Rellinghausen
Tel.: 02 01 / 44 33 13 · Fax: 02 01 / 47 22 41
E-Mail: khe@kunsthaus-essen.de
Internet: www.kunsthaus-essen.de

Gegenwartskunst im Kunsthaus in Rellinghausen – hier arbeiten elf zeitgenössische Künstler in einer ehemaligen Schule.

Modern art in Kunsthaus, Rellinghausen. The former school building has been turned into studios, where eleven artists working on contemporary pieces have taken up residence.

Art contemporain dans la Maison des Arts (Kunsthaus) à Rellinghausen – onze artistes contemporains y travaillent dans une ancienne école.

In einer kleinen Zechensiedlung in Rellinghausen steht das Kunsthaus. Kaum hat sich die große Tür des ehemaligen Schulgebäudes hinter den Besuchern geschlossen, weiten sich Raum und Sinne für die Gegenwartskunst. Elf Künstlerinnen und Künstler arbeiten im Kunsthaus in den Ateliers interdisziplinär an ihren Positionen zu Fragen der Gegenwart. Nebenbei bieten sie Kurse oder Workshops an und organisieren jedes Jahr bis zu zehn Ausstellungen und internationale Projekte mit talentiertem künstlerischem Nachwuchs.

The Kunsthaus is located in a small miner's estate in Rellinghausen. Once visitors have closed the large door of the former school, they will discover the excitement of contemporary art. Eleven artists work in the studios of the Kunsthaus, presenting their perception of different contemporary media. The artists also offer courses and workshops and organise up to ten exhibitions and international projects each year, involving up-and-coming young artists.

C'est dans une petite cité minière à Rellinghausen que se trouve la maison des arts. La grande porte de l'ancienne école s'est à peine refermée derrière les visiteurs que l'espace et les sens s'ouvrent à l'art contemporain. Onze artistes, femmes et hommes, font dans les ateliers de la maison des arts, sur un mode interdisciplinaire, un travail de réflexion sur leurs positions au sujet de questions du présent. Parallèlement ils proposent des cours et des ateliers et organisent chaque année jusqu'à dix expositions et projets internationaux avec des jeunes artistes prometteurs.

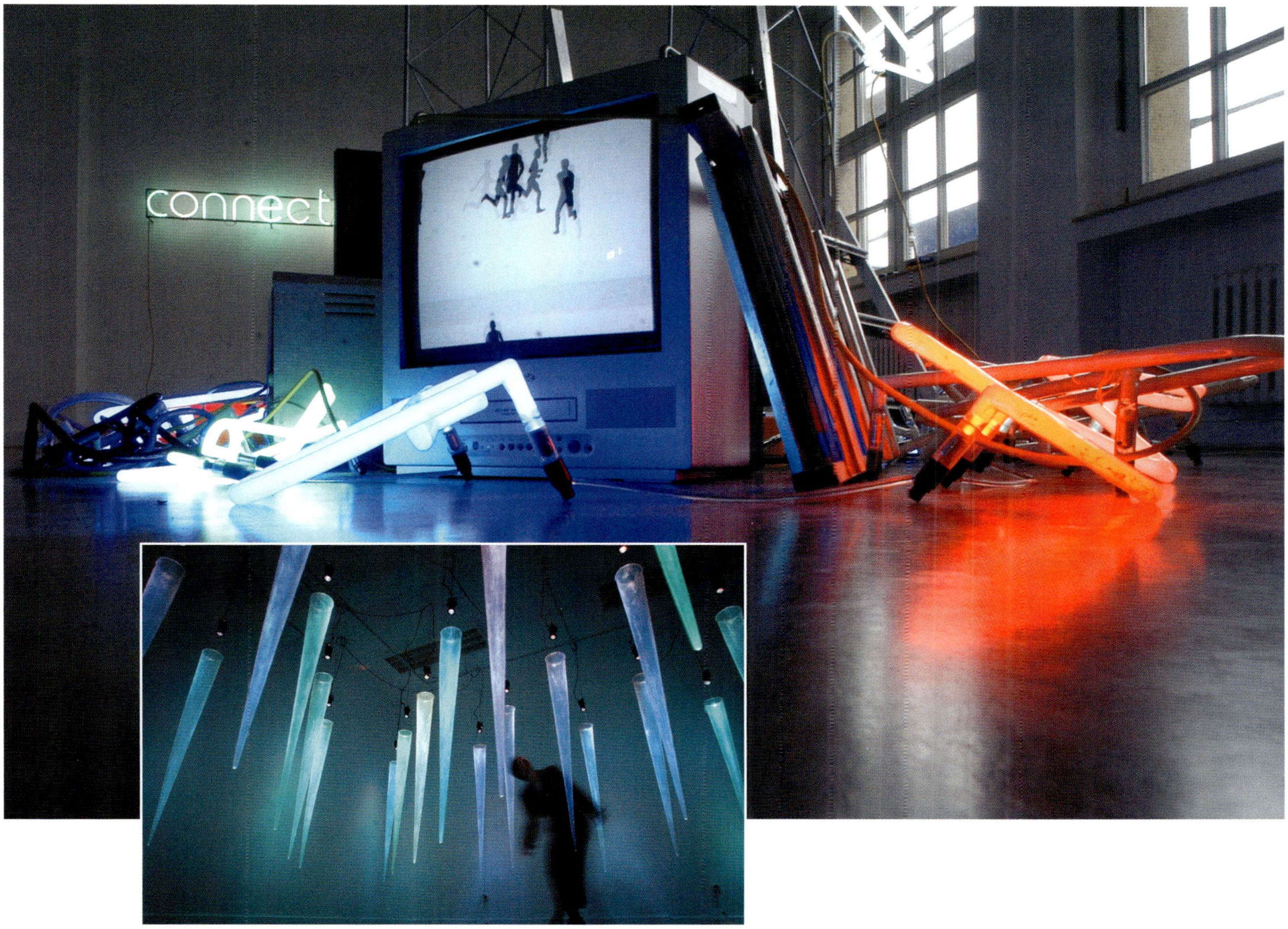

Lichtburg

Der rote Teppich ist schon einige Male erneuert worden, seitdem Stars wie Gary Cooper, Buster Keaton oder Romy Schneider darüber defilierten. Dennoch hat die große alte Dame unter den Lichtspielhäusern seit ihrer Eröffnung 1928 nichts von ihrem Charme verloren. Und daher kommen auch heute noch Stars wie Pierce Brosnan, Wim Wenders oder Joachim Król zu Premieren, Filmgalas und Uraufführungen in der Lichtburg. Das legendäre Kino ist mit 1.250 Sitzplätzen Deutschlands größter Filmpalast. Bereits zur Eröffnung 1928 galt es als das modernste Kino Deutschlands. 1943 brannte die Lichtburg aus und wurde im Stil der 50er wiedereröffnet. Das denkmalgeschützte Kino blieb, was es immer war: eine Filmdiva. Bis 2003 wurde die Lichtburg detailgetreu restauriert und mit modernster Technik ausgestattet. Und dann konnte endlich wieder der rote Teppich für die Stars der Leinwand ausgerollt werden.

Kettwiger Str. 36
45127 Essen
Tel.: 02 01 / 23 10 23
Fax: 02 01 / 2 89 55 22
Programmansage 02 01 / 23 10 24
E-Mail: info@lichtburg-essen.de
Internet: www.lichtburg-essen.de

Nostalgisch, schön und einmalig: Die Lichtburg, Deutschlands größtes Lichtspieltheater.

Nostalgic, beautiful and quite unique – Lichtburg, Germany's largest movie theatre.

Nostalgique de toute beauté et unique en son genre : le palais des lumières (Lichtburg), le plus grand cinéma de l'Allemagne.

Lichtburg

The red carpet has been replaced many times since movie stars such as Gary Cooper, Buster Keaton and Romy Schneider graced the Lichtburg cinema with their presence. However, the grand old building has lost nothing of its charm since its inauguration in 1928. And even now stars like Pierce Brosnan, Wim Wenders and Joachim Król attend premieres, gala events and first nights at the Lichtburg. With its 1250 seats, the legendary movie palace is the largest of its kind in Germany. When first opened in 1928 it was the most modern cinema nationwide. In 1943 it was gutted by fire. The Lichtburg was reopened during the 1950s, following the style popular at the time. Apart from the many fans of the traditional cinema, a group of prominent figures from the world of film-making came forward; the Lichtburg, which by then was a listed building, remained what it had always been: a grande dame of the silver screen. By 2003 painstaking renovations had been completed and state-of-the-art technology was installed. At long last, the time had once again come to roll out the red carpet for the great and the famous.

Le palais des lumières

Le tapis rouge a déjà été renouvelé un bon nombre de fois depuis que des stars comme Gary Cooper, Buster Keaton ou Romy Schneider y défilaient. Et pourtant celle qui est la grande dame parmi les salles de cinéma n'a rien perdu de son charme depuis son inauguration en 1928. Et c'est la raison pour laquelle des stars comme Pierce Brosnan, Wim Wenders ou Joachim Król viennent aujourd'hui encore pour des premières, des galas du cinéma, des créations au palais des lumières. Avec 1.250 places, ce cinéma légendaire est le plus grand palais du film de l'Allemagne. Déjà lors de son inauguration en 1928, il était considéré comme le cinéma le plus moderne de l'Allemagne. Le palais des lumières fut détruit par un incendie en 1943 et fut ensuite réouvert dans le style des années 50. Et comme le palais des lumières avait, en plus des nombreux cinéastes de Essen, également beaucoup de défenseurs célèbres émanant des milieux cinématographiques pour parler en sa faveur, ce cinéma classé monument historique resta ce qu'il avait toujours été : une diva du film. Jusqu'en 2003 le palais des lumières fut restauré dans les plus petits détails et équipé de la technique la plus moderne. Et ensuite, le tapis rouge put enfin être à nouveau déroulé pour les stars de l'écran.

Premieren und Promis gehören zur Lichtburg dazu: Weltstars gaben und geben sich hier ein Stelldichein.

Premieres and celebrities are an essential part of Lichtburg life – stars of international renown have attended numerous premieres and festivities.

Premières et VIP's ne sauraient manquer au palais des lumières : les stars mondiales se donnaient et se donnent rendez-vous ici.

Margarethenhöhe

Ein städtebauliches Juwel ist die Margarethenhöhe, die als eines der schönsten Beispiele für die deutsche Gartenstadtidee gilt. Der idyllische Stadtteil mit dörflichem Charakter wurde 1906 von Margarethe Krupp anlässlich der Hochzeit ihrer Tochter Bertha mit Gustav von Bohlen und Halbach gestiftet. Nach den Plänen des hessischen Architekten Georg Metzendorf (1874-1934) entstanden im Grünen, fernab der lärmenden Industrieanlagen, komfortabel ausgestattete Wohnungen in höchstens zweigeschossigen Häusern für Arbeiter und Angestellte. Obwohl die Siedlung ein Bild der Geschlossenheit bietet, gleicht kaum ein Haus dem anderen. Variierende Gestaltungselemente wie Erker und Laubengänge, geschwungene Giebel, Pilaster und Natursteinsockel geben jedem Haus ein eigenes Gesicht. Seit 1991 betreut das Ruhrlandmuseum eine nach historischem Vorbild eingerichtete Musterwohnung auf der Margarethenhöhe. Neben dem typischen Grundriss ist hier auch die vom Architekten selbst entwickelte Möblierung zu sehen. Die Siedlung Margarethenhöhe wurde 1987 unter Denkmalschutz gestellt.

Margarethenhöhe

Margarethenhöhe is a true jewel in the crown of urban town planning and one of the most beautiful examples of German garden town architecture. The idyllic district with its rural atmosphere was founded in 1906 by Margarethe Krupp on the occasion of the wedding of her daughter Bertha and Gustav von Bohlen und Halbach. Based on a design by Hessian architect Georg Metzendorf (1874-1934), comfortable living quarters in one- or two-storied houses were created for workers and members of staff, far away from the noise of the industrial plants. Although the housing estate appears as a single unit, the architectural styles vary greatly. Details such as bay windows and access balconies, curved gables, pilastered façades and natural stone basements add an individual touch to each house. In 1991, a model apartment following the original plans was created and has been maintained by the Ruhrlandmuseum on Margarethenhöhe. Apart from the basic ground-floor plans, the apartment also shows furnishings designed by the architect. Margarethenhöhe estate has been classified as a historical monument since 1987.

Zentrum des städtebaulichen Kleinods Margarethenhöhe ist der Kleine Markt.

The Kleine Markt is the centre of Margarethenhöhe, jewel in the crown of urban town planning.

Le centre du joyau urbanistique que représente la colline « Margarethenhöhe » est le petit marché.

La colline « Margarethenhöhe »

La colline « Margarethenhöhe » qui est considérée comme l'un des plus beaux exemples de l'idée allemande de la ville-jardin est un véritable joyau urbanistique. Ce quartier idyllique au caractère villageois est un don fait par Margarethe Krupp en 1906 à l'occasion du mariage de sa fille Bertha avec Gustav von Bohlen und Halbach. Des appartements confortablement équipés, dans des maisons de deux étages au maximum, naquirent ici dans la verdure et loin des bruyantes installations industrielles pour des ouvriers et des employés selon les plans de l'architecte Georg Metzendorf (1874-1934) originaire de la Hesse. Bien que cette cité donne une impression d'homogénéité, pratiquement aucune maison n'est semblable à l'autre. Des éléments de conception variables tels que des encorbellements et des charmilles, des frontons incurvés, des pilastres et des socles en pierre naturelle confèrent à chaque maison son visage propre. Depuis 1991 le musée de la région de la Ruhr (Ruhrlandmuseum) administre un appartement-type aménagé selon un modèle historique sur la colline « Margarethenhöhe ». On y voit également, en plus du plan typique, le mobilier conçu par l'architecte lui-même. La cité « Margarethenhöhe » a été entièrement classée monument historique en 1987.

Markt- und Schaustellermuseum

Ein Kuriosum ist das bundesweit einzige „Markt- und Schaustellermuseum". Erich Knocke zeigt in einer alten Fabrikhalle in Bahnhofsnähe, was er jahrzehntelang in ganz Europa zusammengetragen hat: Karussells, Moritatentafeln, Guckkästen oder Schaustellerwohnwagen mit originaler Inneneinrichtung. Die historische Instrumentensammlung umfasst Dreh- und Walzenorgeln, Rückenklaviere und Walzenorchestrien. Über 5.000 Exponate aus dem 18. und 19. Jahrhundert hat der Museumsbesitzer zusammengetragen. Schwerpunkte bilden persönliche Dokumente und Fotografien von Schaustellerfamilien aus der Zeit der Jahrhundertwende sowie aus der Vor- und Frühgeschichte der Fotografie.

Hachestraße 68
45127 Essen
Tel.: 0201 / 22 87 49 oder 62 69 55
E-Mail: schaustellermuseum@web.de
Internet: www.schaustellermuseum.de

Museum of Fairground Attractions

Essen boasts the only "Markt- und Schaustellermuseum" of its kind in Germany. In a former factory, Erich Knocke has put together a curious collection of items which he found on markets and fun fairs throughout Europe - merry-go-rounds, boards used for street ballads, goggleboxes and old fun-fair caravans with their original interiors. The historical collection of musical instruments includes barrel and hurdy-gurdy organs, back pianos and music machines. The owner has put together a proud collection of more than 5000 exhibits dating back to the 18th and 19th century. Special attention has been given to personal documents and photographs of market and fairground operators dating back to the turn of the century, as well as to exhibits from the early days of photography.

Le musée du marché et des forains

Le musée du marché et des forains, sans pareil à l'échelon fédéral, est une véritable curiosité. Erich Knocke montre dans une ancienne halle d'usine non loin de la gare ce qu'il a rassemblé pendant plusieurs décennies dans toute l'Europe : des manèges, des panneaux illustrant les complaintes de chanteurs ambulants, des lanternes magiques ou des roulottes de forains avec leur aménagement intérieur d'origine. La collection d'instruments historiques comprend des orgues de barbarie et des orgues à rouleau, des accordéons et des orchestrions à rouleau. Le propriétaire du musée a réuni plus de 5.000 pièces d'exposition du 18ème et du 19ème siècles. Des documents personnels et des photographies de familles de forains de la fin du 19ième / début du 20ième siècle ainsi que de l'époque qui a précédé la photographie ou de ses premiers débuts constituent des éléments centraux de cette exposition.

Erich Knocke ist Gründer und Seele des Markt- und Schausteller-Museums in der Hachestraße.

Erich Knocke is the founder of the Museum of Fairground Attractions in Hachestrasse.

Erich Knocke est le fondateur et l'âme du musée du marché et des forains (Markt- und Schaustellermuseum) dans la rue Hachestrasse.

Museum Folkwang

Goethestr. 41
45128 Essen
Tel.: 02 01 / 88 45 314 oder 88 45 301
Fax: 02 01 / 88 45 001 oder 88 45 330
E-Mail: Info@museum-folkwang.essen.de
Internet: www.museum-folkwang.de

Die Sammlung des Hagener Industriellen Karl Ernst Osthaus ist das Fundament des heutigen Museums Folkwang. Osthaus präsentierte 1902 die weltweit erste Ausstellung moderner Kunst und machte seine Sammlung damit allen Bevölkerungsschichten zugänglich. Nach dem Tod des Mäzens kaufte die Stadt Essen die Exponate. Mittlerweile sind in der Sammlung alle richtungsweisenden Kunstepochen von der Romantik bis zur heutigen Avantgarde durch hervorragende Exponate repräsentiert. Gemälde, Grafiken und Skulpturen aus dem 19. und 20. Jahrhundert werden durch eine erstklassige Sammlung zur Geschichte der Fotografie ergänzt. Das Museum widmet sich außerdem der Förderung zeitgenössischer Kunst. Besucher aus dem In- und Ausland kommen zu den großartigen Sonderausstellungen über Künstler wie van Gogh, Gauguin, Turner oder Cézanne, die das Museum Folkwang in regelmäßigen Abständen präsentiert.

The collection by the Hagen industrialist Karl Ernst Osthaus is the basis for the present collection of the Folkwang Museum. In 1902, Osthaus presented the first exhibition of contemporary art worldwide. His collection was to be opened to people from all walks of life. After his death, the art collection was bought by the city of Essen. In the meantime the collection includes outstanding works of all major styles of art ranging from Romanticism to the present Avant-Garde movement. The fine collection of paintings, graphic designs and sculptures dating back to the 19th and 20th century is complemented by an outstanding collection on the history of photography. The museum also promotes contemporary art. Special exhibitions with works by renowned artists such as van Gogh, Gauguin, Turner and Cézanne are presented at the Folkwang Museum at regular intervals and are attended by visitors from home and abroad.

Das ist die Heimat einer der bedeutendsten Kunstsammlungen Europas: Das Museum Folkwang.

The Folkwang Museum is home to one of the most renowned art collections in Europe.

C'est la patrie de l'une des plus importantes collections d'art de l'Europe : le Musée Folkwang.

Musée Folkwang

La collection de Karl Ernst Osthaus, industriel de Hagen, constitue la base de l'actuel musée Folkwang. Osthaus présenta en 1902 la première exposition du monde d'art moderne et rendit ainsi sa collection accessible à toutes les couches sociales. Après la mort de ce mécène, la municipalité racheta les pièces de l'exposition. Depuis, toutes les époques déterminantes de l'art, du romantisme jusqu'à l'avant-garde sont représentées par des pièces remarquables. Tableaux, dessins, sculptures du 19ième et du 20ième siècles sont complétés par une collection de tout premier plan sur l'histoire de la photographie. Le musée se consacre en outre à la promotion de l'art contemporain. Les excellentes expositions spéciales sur des artistes tels que Van Gogh, Gauguin, Turner ou Cézanne, que le musée Folkwang présente à intervalles réguliers, attirent les visiteurs du pays et de l'étranger.

Zentrum und Ort der Bildung: Die ständige Ausstellung des Museum Folkwang und die museumspädagogische Arbeit mit Kindern.

The permanent exhibition at Folkwang Museum has become a centre for museum-pedagogical work with children.

Centre et haut-lieu de la culture : l'exposition permanente du Musée Folkwang et le travail pédagogique muséal avec des enfants.

Plakat Kunst Hof Rüttenscheid

Plakate sind ein Spiegel des Zeitgeistes und Vermittler zwischen Alltag und Kunst. Auf diesem Verständnis basiert das umfangreiche Engagement von Viktor Seroneit, der den Plakat Kunst Hof Rüttenscheid 1995 zusammen mit Feliks Büttner gründete und seitdem mit regelmäßigen Aktionen die internationale Plakatkunst fördert und die Arbeit des Deutschen Plakat Museums in Essen unterstützt. Er initiierte weltweite Plakatwettbewerbe für Kinderschutz „Kindheit ist kein Kinderspiel" (1997), „Children are the rhythm of the world" (2001) und die Aktion „Essen trommelt für Kinder" (2002). Durch zahlreiche interdisziplinäre Kulturveranstaltungen ist der Hof zum Treffpunkt der Grafik-Design-Szene geworden. Höhepunkte sind seit 1998 die jährliche Preisverleihung für Grafik-Design und die Verleihung des „Jazz Potts", seit 2004 in der Philharmonie Essen, an innovative Jazz-Künstler.

Annastraße 75 · 45130 Essen-Rüttenscheid
Tel.: 02 01 / 87 23 9-26 · Fax: 02 01 / 87 23 9-39
E-Mail info@plakat-kunst-hof-ruettenscheid.de
Internet: www.plakat-kunst-hof-ruettenscheid.de

Förderer der Plakatkunst: Viktor Seroneit.

Promotes poster art – Viktor Seroneit.

Le promoteur de l'art des affiches : Viktor Seroneit.

Plakat Kunst Hof Rüttenscheid

Posters reflect the spirit of the times and act as an intermediary between every day life and art. The continued commitment shown by Viktor Seroneit, who established the Plakat Kunst Hof Rüttenscheid together with Feliks Büttner in 1995 and who has promoted international poster art, as well as the work of the German Poster Museum in Essen, are founded on this guiding principle. Viktor Seroneit is the initiator of the international poster competition for the protection of children "Childhood is not child's play" (1997), "Children are the rhythm of the world" and the project "Essen – drumming for children" (2002). Having hosted a range of interdisciplinary cultural events, Kunst Hof Rüttenscheid is now recognised as a centre of the graphic design movement. Highlights since 1998 include the annual presentation of awards for graphic design and since 2004 the "Jazz Potts", an honour bestowed on innovative jazz artists. The ceremonies are held in Philharmonie Essen.

La Ferme de l'art des affiches « Plakat Kunst Hof Rüttenscheid »

Les affiches sont le miroir de l'esprit du temps et le lien entre le quotidien et l'art. C'est sur cette acception que repose le grand engagement de Viktor Seroneit, qui a fondé le « Plakat Kunst Hof Rüttenscheid » en 1995 en commun avec Feliks Büttner et qui s'attache depuis à promouvoir l'art international de l'affiche par des actions organisées régulièrement et apporte son soutien au travail du Musée allemand des affiches à Essen (Deutsches Plakat Museum). Il a lancé des concours d'affiches mondiaux pour la protection des enfants : « L'enfance n'est pas un jeu d'enfants » (Kindheit ist kein Kinderspiel) en 1997, « Les enfants sont le rythme du monde » (Children are the rhythm of the world) en 2001 et l'action « Essen joue du tambour pour les enfants » (Essen trommelt für Kinder) en 2002. Grâce à des manifestations culturelles interdisciplinaires, la ferme est devenue le point de rencontre des milieux du design graphique. L'attribution annuelle depuis 1998 du prix du design graphique et l'attribution du « Jazz Pott » – depuis 2004 dans les salles de la Philharmonie de Essen – à des artistes de jazz innovants sont de véritables points-phares.

Philharmonie im Saalbau

Philharmonic Orchestra Saalbau

Huyssenallee 53 · 45128 Essen
Tickets: 02 01 / 81 22 200
oder 02 01 / 88 72 333
Fax: 02 01 / 81 22 812
E-Mail: welcome@philharmonie-essen.de
Internet: www.philharmonie-essen.de

Die neue Philharmonie im Saalbau – hier entstand eines der schönsten Konzerthäuser Deutschlands . . .

The new Philharmonie is part of the Saalbau complex – it is one of the most beautiful concert halls in Germany . . .

La nouvelle Philharmonie dans l'édifice « Saalbau » – c'est ici que naquit l'une des plus belles salles de concerts de l'Allemagne . . .

Mit der Philharmonie Essen wurde im traditionsreichen Saalbau ein Konzerthaus geschaffen, das dank des hochkarätigen Programms, modernster Technik und traumhafter Akustik zu den Besten Europas zählt. Der komplett erneuerte Alfried Krupp Saal (1.906 Plätze) bildet das Herzstück des Hauses. Der kleinere RWE Pavillon (350 Plätze), der als Glaskubus den Blick auf den Stadtgarten freigibt, bietet hervorragende Bedingungen für Jazz und Klassik, Weltmusik und Vorträge, Empfänge oder Feiern. Die drei bunten Bürgersäle erstrahlen nach dem Umbau wieder in alter Schönheit: Feinstes Zitronenholz, Emaille-Intarsien und keramische Kostbarkeiten tauchten im Zuge der Restaurierungen wieder hinter schäbigen Tapeten auf.

The Saalbau, home to the renowned concert house Philharmonie Essen, is rich in tradition. With its outstanding programme, state-of-the-art technology and excellent acoustics it is ranked among the very best in Europe. The completely renovated Alfried Krupp hall (1906 seats) forms the centre of the building. The smaller RWE Pavilion (350 seats), designed in the shape of a glass cube, affords a magnificent view of the Stadtgarten. It is the perfect setting for classical music as well as jazz, international events and recitals, receptions and ceremonies. The three Bürgersäle have been restored to their original beauty after painstaking restoration. Exquisite lemon tree wood, enamel inlay work and ceramic treasures were discovered behind the shabby old wallpaper.

Philharmonie dans l'édifice « Saalbau »

Avec la Philharmonie Essen on a créé dans l'édifice « Saalbau », riche d'une longue tradition, une salle de concerts qui, grâce à un programme de très haut niveau, la technique la plus moderne et une acoustique de rêve, compte parmi les meilleures d'Europe. La salle Alfried Krupp (1906 places) entièrement refaite, constitue le cœur de l'établissement. Le pavillon RWE, plus petit (350 places), un cube de verre qui ouvre la vue sur le jardin municipal, offre des conditions excellentes pour le jazz et la musique classique, pour les musiques du monde et des conférences, des réceptions ou des festivités. Les trois salles multicolores des citoyens ont retrouvé, après la modernisation, toute leur beauté : bois de citronnier d'une grande finesse, incrustations en émail et joyaux de céramique ont réapparu pendant les travaux de restauration derrière des tapisseries élimées qui les dissimulaient.

. . . das sich sehr schnell zu einem kulturellen und gesellschaftlichen Mittelpunkt des Kulturgebiets Ruhrgebiet entwickelte: Mit Krupp Saal, RWE Pavillon und herausragenden künstlerischen Qualitäten. Vor der Krupp-Büste: Dr. Else Beitz, Oberbürgermeister Dr. Wolfgang Reiniger und Frau, Intendant Michael Kaufmann und Prof. Berthold Beitz (von links).

. . . and has established itself as a cultural and social centrepiece within the Ruhr district, featuring the Krupp Saal, the RWE Pavilion and tremendous artistic prowess. In front of the Krupp bust: Dr. Else Beitz, the mayor of Essen Dr. Wolfgang Reiniger with his wife, director Michael Kaufmann and Professor Berthold Beitz (from left to right).

. . . qui est devenu très rapidement un élément central de la vie culturelle et sociale de la région culturelle de la Ruhr : avec la salle Krupp, le pavillon RWE et des qualités artistiques remarquables. Devant le buste de Krupp : Dr. Else Beitz, le maire Dr. Wolfgang Reiniger et son épouse, l'intendant Michael Kaufmann et le Prof. Berthold Beitz (en partant de la gauche).

Ruhrlandmuseum

Goethestr. 41 · 45128 Essen
Tel.: 02 01 / 88 45 200
Fax: 02 01 / 88 45 138
E-Mail: info@ruhrlandmuseum.essen.de
Internet: www.ruhrlandmuseum.de

Von der Urgeschichte bis zur Gegenwart: In einer der spannendsten Ausstellungen der Region wird gleich die Chronik des gesamten Ruhrgebiets erzählt. Wenn das Ruhrlandmuseum 2007 die Koffer packt und vom Museumsviertel nach Zollverein umzieht, können die Besucher des Weltkulturerbes dort hautnah erleben, wie Bergleute früher gelebt und gearbeitet haben. In der ehemaligen Kohlenwäsche wird das „RuhrMuseum" dann auf unterhaltsame und anschauliche Art über die Vergangenheit des Zechenareals aufklären. Zu dem Regionalmuseum, das schon seit über 100 Jahren besteht, zählen die Abteilungen Geologie, Archäologie, Geschichte und Fotografie. Das Mineralien-Museum und die Museumslandschaft Deilbachtal in Essen-Kupferdreh, ein geologischer Wanderweg um den Baldeneysee, der Halbachhammer im Nachtigallental und eine Musterwohnung in der Siedlung Margarethenhöhe sind Außenstellen des Museums.

From prehistoric days right down to the present - the chronicle of the entire Ruhr district is told in one of the most exciting exhibitions of the region. Once the Ruhrlandmuseum leaves its old location and moves to Zollverein in 2007, visitors of the complex inscribed on UNESCO's World Heritage list will be able to experience first-hand how coal miners lived and worked. At the former coal washery the "RuhrMuseum" will offer in-depth descriptions of how the colliery operated. The Regionalmuseum, which was first opened more than a hundred years ago, includes departments for geology, archaeology, history and photography. Other - external - parts of the museum include the Mineralien-Museum and the Museumslandschaft Deilbachtal in Essen-Kupferdreh, a geological walk around Lake Baldeney, the Halbachhammer complex of buildings situated in Nachtigallental and a model flat on Margarethenhöhe estate.

Von der Gegenwart bis zur Urgeschichte reicht der Blick zurück im Ruhrlandmuseum, das künftig in der ehemaligen Kohlenwäsche auf Zollverein eine neue Heimat findet – als zentrales RuhrMuseum.

The Ruhrlandmuseum spans the centuries from prehistoric times to present. The museum will find a new home in the Zollverein complex, assuming the role as central museum of the Ruhr district – RuhrMuseum.

Les regards remontent du présent jusqu'à la préhistoire au musée de la région de la Ruhr (Ruhrlandmuseum) qui va à l'avenir trouver un nouveau domicile dans l'ancien lavoir de houille à la houillère « Zollverein » – en tant que musée central de la Ruhr.

Le musée de la Ruhr

De la préhistoire jusqu'à nos jours : l'une des expositions les plus passionnantes de la région raconte la chronique de toute la Ruhr. Lorsque le musée de la Ruhr fera ses valises en 2007 et déménagera du quartier des musées vers la houillère « Zollverein », les visiteurs du patrimoine culturel mondial pourront toucher du doigt, là-bas, comment les mineurs ont vécu et travaillé autrefois. C'est dans l'ancien lavoir de houille que le « RuhrMuseum » expliquera de façon distrayante et expressive le passé de l'aire de la houillère. Ce musée régional qui existe déjà depuis plus de 100 ans comprend les département géologie, archéologie, histoire et photographie. Le musée des minéraux et le paysage musée « Deilbachtal » à Essen-Kupferdreh, un chemin de randonnée géologique autour du lac Baldeneysee, le monument du « Halbachhammer » dans la vallée des rossignols (Nachtigallental) et un appartement-type dans le lotissement « Margarethenhöhe » sont des antennes du musée.

Prähistorisches und Altertümliches, Schmiedekunst und Zeitgenössisches – im RuhrMuseum kann jeder auf individuelle Entdeckungsreise gehen.

The RuhrMuseum shows exhibits dating back to prehistoric and ancient times, along with wrought iron work and contemporary pieces – perfect for a voyage of discovery.

Eléments préhistoriques ou antiques, art de la ferronnerie ou objets contemporains – au musée de la Ruhr (RuhrMuseum) chacun peut partir à la découverte à sa guise.

Schloß Borbeck

In einem herrlichen Park im Nordwesten der Stadt liegt das Schloß Borbeck, dessen wechselvolle, tausendjährige Geschichte eng mit Stift und Stadt Essen verwoben ist. 1744 und 1764 erweiterte Fürstäbtissin Franziska Christine den ehemaligen Renaissancebau um barocke Elemente. 1941 kaufte es die Stadt Essen. Heute ist das Wasserschloss ein Ort der Begegnung. Man kann Konzerte, Lesungen, Ausstellungen, Seminare und Tagungen besuchen, an Kunst-, Tanz- und Musikkursen teilnehmen, dinieren und sogar heiraten.

Schloßstraße 101
45355 Essen-Borbeck
Tel.: 02 01 / 88 44 219
Fax: 02 01 / 88 44 220
E-Mail:
kulturzentrum@schlossborbeck.essen.de
Internet: www.schloss-borbeck.essen.de

Borbeck Castle

Schloss Borbeck is situated in the north-west of the city, surrounded by beautiful parkland. The changing history of the castle, which is over a thousand years old, has always been closely connected with the Stift and the city of Essen. In 1744 and 1764 the royal abbess Franziska Christine added an extension to the former Renaissance building. In 1941 it was purchased by the city of Essen. Today the water castle has become a very popular meeting point. The rich and varied event programme includes concerts, recitals, exhibitions, seminars and conferences, art classes, dancing and music courses. There is even a restaurant and a reception area for weddings.

Inzwischen restauriert: Schloß Borbeck, der letzte Sitz der Essener Fürstäbtissin Maria Kunigunde.

Schloss Borbeck was the last residence of the royal abbess Maria Kunigunde. The castle has been renovated in the meantime.

Restauré dans l'intervalle : le château Schloss Borbeck, qui fut le dernier siège de la princesse-abbesse de Essen, Maria Cunégonde.

Le château de Borbeck

C'est dans un parc magnifique au Nord-Ouest de la ville que se trouve le château de Borbeck dont l'histoire agitée, qui s'étend sur plus de mille années, est étroitement liée au couvent et à la ville de Essen. En 1744 et 1764 la princesse-abbesse Franziska Christine agrandit l'ancienne construction Renaissance en lui ajoutant des éléments baroques. En 1941 la municipalité de Essen le rachète. Aujourd'hui, le château à douves est devenu un lieu de rencontres. On peut y assister à des concerts, des lectures en public, des expositions, des séminaires et des congrès, on peut participer à des cours de danse ou de musique, on peut y dîner et même s'y marier.

Soul of Africa

Rüttenscheider Straße 36
45128 Essen
Tel.: 0201 / 78 24 48
Fax: 0201 / 78 11 28
E-Mail: info@africa-photo.com
Internet:
www.africa-photo.com/museum/index.htm

Geist und Geister vereint Henning Christoph im Rüttenscheider Voodoo-Museum – einzigartig in Deutschland.

The Voodoo Museum in Rüttenscheid was created by Henning Christoph. This extraordinary exhibition of pieces associated with voodoo is unique in Germany.

Henning Christoph réunit l'esprit et les esprits au Musée du vaudou à Rüttenscheid – unique en Allemagne.

Ebenso exotisch wie die Exponate ist auch das Museum selber: In Deutschlands einzigem Voodoo-Museum zeigt der Foto-Journalist und Ethnologe Henning Christoph unter anderem den Altar der Wassergöttin Mami Wata, die von einer ganzen Heerschar von Gottheiten, Masken und Skulpturen umgeben ist. Ein Nebenraum ist den Ahnen gewidmet, und ein weiterer Bereich der kleinen skurrilen Sammlung beschäftigt sich mit „Magie und Naturmedizin".

The museum is almost as exotic as its exhibits. At Germany's only voodoo museum, the photographic journalist and ethnologist Henning Christoph has put together a collection that includes the altar of water goddess Mami Wata, surrounded by a large group of gods, masks and sculptures. A smaller room has been dedicated to ancestral cult, and in another area a small collection of witchcraft and traditional medicine can be found.

Le musée lui-même est au moins aussi exotique que les pièces qui y sont exposées : le journaliste, photographe et ethnologue Henning Christoph présente dans le seul musée allemand du vaudou, entre autres, l'autel de la déesse de l'eau Mami Wata qui est entourée de tout un bataillon de divinités, de masques et de sculptures. Une salle annexe est vouée aux ancêtres et un autre domaine de la petite collection grotesque s'occupe de « magie et médecine naturelle ».

Stadtarchiv

Steeler Str. 29
45127 Essen
Tel.: 0201/ 88 41 300
Fax: 0201/ 88 41 313
E-Mail: info@archiv.essen.de

Die zahllosen Urkunden, Amtsbücher und Akten im Essener Stadtarchiv künden von der bewegten Historie der Ruhrmetropole. Die spannende Entwicklung vom mittelalterlichen Kirchenzentrum über die industrielle Vergangenheit der „Kruppstadt" bis hin zur Kulturhauptstadt Europas wird hier dokumentiert und allen Bürgern kostenlos zugänglich gemacht. Zusätzlich zu den offiziellen Zeugnissen der Stadthistorie verfügt das Archiv über zahlreiche Nachlässe, Firmen-, Partei- und Vereinsarchive.

The host of certificates, files and official documents stored at Essen's Stadtarchiv, the city archive, bear witness to the turbulent and eventful past of the Ruhr metropolis. The archived documents reveal an exciting history spanning many centuries, from a religious centre in the Middle Ages to a driving force behind Germany's industrial revolution and, more recently, a European Capital of Culture. The Stadtarchiv is open to visitors free of charge. In addition to official documents relating to the history of the city, the archives also include a number of records on estates, companies, political parties and associations.

Archives municipales (Stadtarchiv)

Les documents, livres officiels et actes innombrables aux archives municipales de Essen témoignent de l'histoire mouvementée de la métropole de la Ruhr. L'évolution passionnante du centre ecclésiastique moyenâgeux à la capitale culturelle de l'Europe, en passant par le passé industriel de la « ville de Krupp », est fixé ici dans une documentation et mis gratuitement à la disposition de tous les citoyens. En plus des témoignages officiels de l'histoire de la ville, les archives disposent de nombreux legs et des archives de sociétés, de partis politiques et d'associations.

Stadtbibliothek Essen

Hollestr. 3 (im Gildehof)
45127 Essen
Tel: 0201/ 88 42 419/ -20/ -21
Fax: 0201/ 88 42 003
E-Mail:
info@stadtbibliothek.essen.de
Internet:
www.stadtbibliothek.essen.de

Transparent und einladend präsentiert sich die Stadtbibliothek Essen im Gildehof. Das moderne Informationszentrum verfügt über einen leistungsstarken Bestand an Büchern, Zeitschriften, CDs, CD-ROMs sowie Videos und DVDs. Mit dem abwechslungsreichen Veranstaltungsangebot für alle Interessensgruppen und Altersschichten erreicht das Kulturzentrum sogar Menschen, die noch nicht auf den Geschmack des Lesens gekommen sind. Eine Besonderheit der Zentralbibliothek ist die angegliederte Musikbibliothek. In dieser Fachabteilung stehen neben rund 42.000 theoretischen Werken, Notenheften und Magazinen auch Räumlichkeiten zum Musizieren zur Verfügung. Das umfangreiche Medien- und Veranstaltungsangebot der Zentralbibliothek wird durch ihre 15 Stadtteilbibliotheken sowie die Französische Bibliothek trefflich ergänzt und kann den Bürgern so im gesamten Stadtgebiet kompetente literarische Beratung anbieten.

Transparency and appeal are two of the most striking associations with the Stadtbibliothek, Essen's main library located at Gildehof. The state-of-the-art information centre boasts an extensive range of books, magazines, CDs, CD-ROMs, videos and DVDs. With a rich and varied event programme, the cultural unit also reaches people who have yet to discover the pleasures of reading. One of the unique features of the facility is its affiliated music library. The specialist department has some 42,000 academic publications, sheet music and journals, as well as its very own rooms for music practice. The comprehensive media and event portfolio of the central library is complemented by 15 local district facilities as well as the French Library, thus offering the people of Essen a highly competent cultural service throughout the city.

Bibliothèque municipale de Essen (Stadtbibliothek Essen)

La bibliothèque municipale de Essen dans l'Hôtel de la Guilde (Gildehof) se présente de façon ouverte et accueillante. Le centre d'information moderne dispose d'une collection performante de livres, de revues, de compacts, de CD-ROM ainsi que de bandes vidéos et de DVD. Avec son offre très variée en manifestations pour tous les groupes d'intérêts et tous les âges, le centre culturel atteint même des personnes qui n'ont pas encore pris le goût de la lecture. L'une des particularités de la bibliothèque centrale est la bibliothèque musicale qui lui est rattachée. Dans ce département spécial, des locaux permettant de faire de la musique sont mis à disposition en plus des près de 42.000 ouvrages théoriques, partitions et magazines. La vaste palette de médias et de manifestations offerte par la bibliothèque centrale est remarquablement complétée par ses 15 bibliothèques de quartier et la bibliothèque française et elle peut ainsi proposer aux citoyens sur tout le territoire municipal un conseil littéraire compétent.

Steeler Kinderchor

Essen klingt! In über 70 Orchestern und Instrumentenensembles sowie 230 Chören engagieren sich die Essener Bürger. Der neben den Domsingknaben wohl bekannteste und erfolgreichste Kinderchor Essens ist der Steeler Kinderchor. Seit über 50 Jahren singen die Mädchen und Jungen bei Staatsempfängen und in glanzvollen Konzerten. Jedes Jahr treten die Kinder im In- und Ausland in rund 20 Konzerten auf. Fernseh- und Hörfunkauftritte sowie die erfolgreiche Teilnahme an Wettbewerben haben den Chor überregional bekannt gemacht. In den traditionellen Frühlings- und Weihnachtskonzerten begeistern die über 140 kleinen Sängerinnen und Sänger jedes Jahr aufs Neue das Essener Publikum.

Hünninghausenweg 57
45276 Essen- Steele
Tel.: 02 01 / 51 41 64 oder 51 47 585
Fax: 02 01 / 85 16 719
E-Mail:
webmaster@essen-steeler-kinderchor.de
Internet: www.essen-steeler-kinderchor.de

Steele Children's Choir

The people of Essen enjoy their music! Boasting more than 70 orchestras and bands as well as 230 choirs, they fill the city with the sound of music. Alongside the Domsingknaben, the most successful Essen-based children's choir is undoubtedly the Steeler Kinderchor. For more than 50 years, the boys and girls of this choir have performed at a host of official receptions and concerts. In fact, the members of the choir perform in more than 20 concerts each year - at home and abroad. Thanks to performances broadcast on television and the radio, the Steeler Kinderchor enjoys nationwide popularity. Each year, the 140 choristers thrill Essen audiences with their traditional spring and Christmas concerts.

Chorale d'enfants du Steele

Essen résonne ! Les citoyens de Essen s'engagent personnellement dans plus de 70 orchestres et ensembles d'instrumentistes et 230 chorales. La chorale qui, à côté des « Domsingknaben » est la chorale d'enfants la plus célèbre et la plus couronnée de succès de Essen est celle du « Steeler Kinderchor ». Les enfants, garçons et filles, chantent depuis plus de 50 ans lors de réceptions de l'état et dans des concerts fastueux. Chaque année les enfants donnent près de 20 concerts dans le pays et à l'étranger. Des interventions à la télévision et à la radio ainsi que la participation, couronnée de succès, à des concours ont rendu célèbre la chorale bien au-delà des limites de la région. Lors des concerts traditionnels de printemps et de Noël, les jeunes choristes - ils sont plus de 140 chanteuses et chanteurs - enthousiasment chaque année, encore et toujours, le public de Essen.

Die Stadt singt und klingt: Einer der erfolgreichen Klangkörper ist der Steeler Kinderchor.

A city of music – the famous Steeler Kinderchor.

Une ville qui chante et qui (ré)sonne : l'une des « caisses de résonance » qui remporte le plus vif succès est la chorale d'enfants du Steele.

Studio-Bühne

Korumhöhe 11
45307 Essen-Kray
Tel.: 02 01 / 55 15 05
Fax: 02 01 / 55 49 35
E-Mail: StudioBuehneE@aol.com
Internet: www.studio-buehne-essen.de

Die Studio-Bühne blickt auf eine langjährige Tradition zurück: Sie ist seit mehr als 50 Jahren ein fester Bestandteil des Essener Kulturlebens, das sie mit bis zu 200 Veranstaltungen pro Jahr bereichert. Mit nicht nachlassendem privatem Engagement wacht die Familie Plewa-Brodam seit zwei Generationen über die hohe Qualität der Laienbühne. Zum Teil unter ehrenamtlicher Leitung von professionellen Regisseuren wird hier eine ausgewogene Mischung aus traditionellen Bühnenstücken und der Avantgarde inszeniert. Ebenso beliebt wie berühmt sind das hervorragende Kindertheater und das Loriot-Programm.

The Studio-Bühne theatre can look back on a long tradition. It has become a well-established part of Essen's cultural programme, hosting up to 200 events per year. The amateur cast has been directed by the highly dedicated Plewa-Brodam family for two generations. In many cases, the theatre is supported by professional producers, who regularly join the team to create a well-balanced blend of traditional and avant-garde stage plays on a voluntary basis. Equally popular: the outstanding children's theatre and the Loriot programme.

La scène « Studio-Bühne » s'enorgueillit d'une longue tradition : elle est depuis plus de 50 années un élément essentiel de la vie culturelle de Essen qu'elle enrichit avec près de 200 manifestations par an. La famille Plewa-Brodam veille depuis deux générations, avec un engagement privé qui ne fléchit pas, sur la qualité de haut niveau de ce théâtre d'amateurs. Un mélange équilibré de pièces traditionnelles et de théâtre d'avant-garde est mis en scène ici sous la direction bénévole, pour certaines pièces, de metteurs en scène professionnels. Le théâtre remarquable pour enfants et le programme de Loriot sont tout aussi appréciés que célèbres.

Laien-Theater in hoher Qualität seit 50 Jahren serviert die Studio-Bühne in Kray einem treuen Publikum.

The Studio-Bühne in Essen-Kray has proudly presented amateur theatre for the past 50 years – to a very high standard of acting.

Le scène du Studio-Bühne à Kray sert depuis 50 ans à son fidèle public du théâtre d'amateurs de haute qualité.

Theater Courage

Goethestr. 67
45130 Essen-Rüttenscheid
Tel.: 02 01 / 79 14 66
Fax: 02 01 / 79 16 77
E-Mail: theatercourage@t-online.de
Internet: www.theatercourage.de

Seit 1987 hat sich das Theater Courage in der freien Theaterszene etabliert. Nachdem in den früheren Jahren kritische und anspruchsvolle Themen den Spielplan bestimmten, werden heute fast ausschließlich deftige Komödien auf der kleinen Bühne in einem Rüttenscheider Hinterhof inszeniert. Eigenproduktionen wie „Callboys küsst man nicht" oder „Stützstrumpfkiller" leben vom Einsatz der temperamentvollen Frontfrau und Stückeschreiberin Gabi Dauenhauer sowie ihres Partners Peter-Maria Anselstetter.

Theater Courage

Opened in 1987, Theater Courage has been able to establish itself in the independent stage scene. During the early days, its programme was dominated by ambitious, highly critical plays. They have been successfully replaced by ribald comedies, which are performed on the small stage located in a Rüttenscheid courtyard. Their own productions "Don't kiss a callboy" and "The support-stocking killer" rely heavily on the lively front woman and playwright Gabi Dauenhauer and her partner Peter-Maria Anselstetter.

Théâtre « Courage »

Depuis 1987 le théâtre « Courage » s'est solidement établi dans le milieu du théâtre libre. Alors que, pendant les premières années, des thèmes critiques et ambitieux dominaient le répertoire, ce sont aujourd'hui presque exclusivement des comédies de boulevard qui sont mises en scène dans ce petit théâtre dans une arrière-cour de Rüttenscheid. Des productions propres telles que « Callboys küsst man nicht » ou bien « Stützstrumpfkiller » vivent de l'engagement et du tempérament de Gabi Dauenhauer, la « femme aux commandes » qui écrit également les pièces, et de son partenaire Peter-Maria Anselstetter.

Gabi Dauenhauer (rechts) ist Star, Motor und Seele des Theater Courage in der Rüttenscheider Goethestraße.

Gabi Dauenhauer (right) is the star, the driving force and the soul of the Theater Courage in Goethestrasse in Rüttenscheid.

Gabi Dauenhauer (à droite) est la star, le moteur et l'âme du théâtre Courage dans la rue Goethestrasse à Rüttenscheid.

Theater im Rathaus

Das Markenzeichen des Theaters im Rathaus ist die prominente Besetzung mit Stars aus Film, Funk und Fernsehen. Dem Publikum wird eine ausgewogene Mischung aus Boulevardstücken und Klassikern, Krimis und Musicals präsentiert. Klingende Namen wie Karin Dor, Doris Kunstmann, Günther Lamprecht, Grit Boettcher oder Anita Kupsch stehen regelmäßig auf der Bühne des Theaters.

Porscheplatz 1
45127 Essen
Tel.: 02 01 / 24 55 555 (Theaterkasse)
Tel.: 02 01 / 24 55 524 (Verwaltung)
Fax: 02 01 / 24 55 599
E-Mail: service@theater-im-rathaus.de
Internet: www.theater-im-rathaus.de

Theater im Rathaus

Theater im Rathaus boasts an illustrious cast that includes seasoned professionals from the world of radio broadcasting, television and the silver screen. The audience is presented with a range of light theatre, classic drama, thrilling whodunits and colourful musicals. Stars such as Karin Dor, Doris Kunstmann, Günther Lamprecht, Grit Boettcher and Anita Kupsch are regular members of the cast.

Théâtre de la mairie

La distribution éminente du théâtre de la mairie, composée principalement de stars du cinéma, de la radio et de la télévision, lui confère une image de marque qui le place hors-concurrence. Le public se voit proposer un mélange équilibré de pièces de boulevard et de grands classiques, de pièces policières et de comédies musicales. Des noms connus tels que ceux de Karin Dor, Doris Kunstmann, Günther Lamprecht, Grit Boettcher, ou Anita Kupsch sont régulièrement à l'affiche de ce théâtre.

Boulevard macht Spaß: Das Rathaustheater hat einen festen Platz im städtischen Kulturleben. Stars geben sich hier ein Stelldichein.

Boulevard comedy – the Rathaustheater is very much part of the city's cultural offering and well frequented by renowned artists.

Le Boulevard qui fait plaisir : le théâtre de la mairie (Rathaustheater) a sa place attitrée dans la vie culturelle municipale. Les stars s'y donnent rendez-vous.

Unperfekthaus

In einem ehemaligen Franziskanerkloster in der Innenstadt hat Erfinder Reinhard Wiesemann ein Museum der besonderen Art geschaffen: Auf 3.500 qm tüfteln Künstler, Wissenschaftler, Erfinder und Weltverbesserer Tür an Tür. Die meisten arbeiten daran, sich in ihrem Traumjob zu etablieren oder sich zumindest ihren Träumen zu nähern. Besucher können den Kreativen dabei über die Schulter schauen, sich von den interessanten oder verrückten Ideen begeistern lassen oder sogar mitmachen. Das Unperfekthaus ist ein Sprungbrett für Talente aller Art. Solange die Projekte kreativ, interessant und legal sind, stellt der Hausherr kostenlos Raum, Infrastruktur und Marketingunterstützung zur Verfügung. Das Ziel dieses einzigartigen Konzepts ist es, eine Umgebung zu schaffen, in der sich fruchtbare neue Ideen entwickeln können, Synergien zwischen den einzelnen Kreativen entstehen und in der alle voneinander profitieren können.

Friedrich-Ebert-Str. 18
45127 Essen-City
Tel.: 02 01 / 84 73 50
E-Mail: info@unperfekthaus.de
Internet: www.unperfekthaus.de

Unperfekthaus

The inventor Reinhard Wiesemann has created a very special museum at the former Franciscan Monastery located in the city centre. Here, artists, scientists, inventors and idealists are given the opportunity to work on an array of exciting projects in a building that spans 3,500 square metres. For most of them it's a dream come true - or at least as close as possible. Visitors are welcome to observe how the exciting and extraordinary projects gradually take on shape - in some cases they are even invited to play an active part. The Unperfekthaus is a springboard for talents of all kinds. As long as the projects are creative, interesting and not against the law, the host and owner offers space, infrastructure and marketing support for anyone who is interested - and it's all free of charge. The aim of this unique concept is to create an environment in which new and productive ideas can develop and synergies can evolve between the individual participants.

La maison du perfectible

L'inventeur Reinhard Wiesemann a créé dans un ancien couvent de Franciscains un musée d'un genre particulier : des artistes, des chercheurs, des inventeurs et des utopistes bricolent porte à porte sur 3.500m2. Pour la plupart, ils travaillent à s'établir dans leur profession de rêve ou tout au moins à se rapprocher de leurs rêves. Les visiteurs peuvent jeter un coup d'œil par-dessus l'épaule des créateurs, se laisser enthousiasmer par les idées intéressantes ou folles ou bien mettre eux-mêmes la main à la pâte. La maison du perfectible est un tremplin pour les talents de tous genres. Aussi longtemps que les projets sont créatifs, intéressants et légaux, le propriétaire met les locaux, l'infrastructure et le soutien en marketing gratuitement à disposition. L'objectif de ce concept unique en son genre consiste à créer un environnement dans lequel des idées fructueuses puissent se développer et des synergies naître entre les différents créateurs et dans lequel ils puissent tous profiter les uns des autres.

Was ist schon perfekt: Das Unperfekthaus im ehemaligen Franziskanerkloster in der Innenstadt will Talente fördern und die Kreativität wachrütteln.

Nobody is perfect: the Unperfekthaus in the former Franciscan monastery in the city centre promotes talent and creativity.

Mais qu'est-ce qui est déjà parfait... : la maison du perfectible (Unperfekthaus) dans l'ancien couvent de Franciscains dans la cité veut promouvoir les talents et tirer la créativité de son sommeil.

Villa Hügel

Hügel 15
45133 Essen-Bredeney
Tel.: 02 01 / 61 62 90
Fax: 02 01 / 61 62 911
E-Mail: office@villahuegel.de
Internet: www.villahuegel.de

Die schlossartige Residenz der Familie Krupp zeugt nicht nur vom Reichtum der Industriellenfamilie, sondern auch von der wirtschaftlichen Bedeutung Essens im Zeitalter der Industrialisierung. Alfred Krupp ließ die Villa, die als „Einfamilienhaus mit 220 Zimmern" ins Grundbuch eingetragen wurde, von 1868 bis 1872 nach eigenen Entwürfen in einer 75 ha großen Parkanlage erbauen. Die Villa Hügel ist mit wertvollen Gobelins, kostbaren italienischen Kassettendecken und einer eindrucksvollen Bibliothek ausgestattet. Heute finden hier regelmäßig hochkarätige internationale Kunstausstellungen und Kammerkonzerte statt. Im Gästehaus ist die historische Sammlung Krupp und die Ausstellung „Krupp heute" zu sehen.

The residence of the Krupp family was built in the style of a manor house, reflecting the wealth and also the commercial influence they enjoyed in the city of Essen during the age of industrialisation. It was constructed from 1868 to 1872 in a 75-hectare parkland, following designs by Alfred Krupp. He had the premises entered in the land registry as a "detached family house featuring 220 rooms". Villa Hügel has a particularly striking interior, with valuable Gobelin tapestries, beautifully worked Italian coffered ceilings and an impressive library. The manor house is used regularly for international art exhibitions, as well as chamber concerts. The guest house is home to the historical Krupp Collection and the "Krupp Today" exhibition.

La résidence de la famille Krupp, qui ressemble à un château, témoigne non seulement de la richesse de la famille d'industriels mais aussi de l'importance économique de Essen à l'époque de l'industrialisation. Alfred Krupp fit construire la Villa, qui fut inscrite au registre du cadastre en tant que « maison individuelle avec 220 chambres », de 1868 à 1872 selon ses propres dessins dans un parc de 75 hectares. La Villa Hügel renferme des Gobelins de valeur, des plafonds à cassettes italiens et précieux et une bibliothèque impressionnante. Aujourd'hui des expositions d'art et des concerts de chambre internationaux et de très haut niveau y sont régulièrement organisés. La maison d'hôtes abrite la collection historique Krupp et l'exposition « Krupp aujourd'hui ».

Villa, Schloss, Museum, Tagungsort: Die Villa Hügel ist einer der Leuchttürme der Kulturhauptstadt.

Villa, mansion, museum, location for conferences – Villa Hügel plays an important role in the cultural life of the city of Essen.

Villa, château, musée, lieu de réunions : la Villa Hügel est l'un des phares de la capitale culturelle.

Lebendig und sehenswert: Die Villa Hügel öffnet sich der Kunst, der Wissenschaft und der Jugend. Hausherr Berthold Beitz machte es möglich.

Buzzing with excitement: Villa Hügel opens its gates to art, science and young visitors, with Berthold Beitz as the proud host.

Elle est vivante et mérite une visite : la Villa Hügel s'ouvre aux arts, aux sciences et à la jeunesse. Le maître de maison, Berthold Beitz, le rend possible…

Volkshochschule

Volkshochschule

Université populaire

Burgplatz 1 · 45127 Essen
Tel.: 02 01 / 88 43 100/ -140
Fax: 02 01 / 88 43 003
E-Mail: info@vhs.essen.de
Internet: www.vhs-essen.de

Ihr neues Domizil am Burgplatz in der City hat die Volkshochschule bezogen. Sie gilt als eine der größten kommunalen Weiterbildungs-einrichtungen in NRW.

The Volkshochschule has taken up its new residence in the city centre. It is one of the largest municipal centres for further education in North Rhine-Westphalia.

L'Université populaire (Volkshochschule) a emménagé dans son nouveau domicile sur la place Burgplatz dans la cité. Elle est considérée comme l'une des plus grandes institutions communales de formation et de perfectionnement dans le land de Rhénanie du Nord-Westphalie.

Mit dem ebenso repräsentativen wie funktionalen Neubau der Volkshochschule legte die Stadt Essen in wirtschaftlich schwieriger Zeit ein eindrucksvolles Bekenntnis zur Weiterbildung ab. Das Ensemble am Burgplatz, dem historischen Zentrum der Stadt, besteht aus dem denkmalgeschützten, sorgsam renovierten Lichtburg-Gebäude sowie einem Aufsehen erregenden Neubau mit vollflächiger Glasfassade und gläsernen Aufzügen. Die beiden miteinander verbundenen Gebäudeteile stehen für Kontinuität und Innovation, die beiden Prinzipien, denen sich die VHS Essen – übrigens eine der größten kommunalen Weiterbildungseinrichtungen Nordrhein-Westfalens – in besonderer Weise verpflichtet sieht.

Against the backdrop of ongoing economic malaise, the city of Essen has shown its commitment to education by unveiling a highly functional yet eye-catching new building to be used by the Volkshochschule, an adult education centre. The complex located in the historical centre of the city, Burgplatz, includes the painstakingly renovated Lichtburg movie theatre, now a listed building, as well as an impressive new architectural offering that features a full-glass façade and glass elevators. The buildings are connected, symbolising continuity and innovation, the main principles guiding VHS Essen. It is one of the largest municipal centres for further education in North Rhine-Westphalia.

Avec le nouveau bâtiment, aussi représentatif que fonctionnel, de l'université populaire, la municipalité de Essen s'est déclarée de façon impressionnante, à une époque de difficultés économiques, en faveur de la formation permanente. L'ensemble, situé sur la place Burgplatz qui est le centre historique de la cité, se compose de l'édifice, restauré avec soin, du palais des lumières (Lichtburg) et d'un bâtiment nouveau qui a suscité des remous avec sa façade entièrement en verre et ses ascenseurs en verre. Les deux corps de bâtiment reliés entre eux symbolisent la continuité et l'innovation, les deux principes auxquels l'université populaire « VHS Essen » - qui est d'ailleurs l'une des plus grandes institutions communales de formation continue du land de Rhénanie du Nord-Westphalie - souhaite tout particulièrement se soumettre.

Zeche Carl

Initiative Zentrum Zeche Carl e.V.
Wilhelm-Nieswandt-Allee 100
45326 Essen
Tel. 02 01 / 83 444 10
Fax 02 01 / 35 01 58
E-Mail: zechecarl@t-online.de
Internet: www.zechecarl.de

Das soziokulturelle Zentrum Zeche Carl, das 2005 seinen 25. Geburtstag feierte, ist eines der ältesten und interessantesten seiner Art in Deutschland. In dem inzwischen denkmalgeschützten Gebäudeensemble findet ein breit gefächertes Programmspektrum Platz, das sich bei allen Bevölkerungsschichten großer Beliebtheit erfreut. Rockkonzerte und Comedy, Kunstausstellungen und Mottopartys, Kinderflohmarkt und Jugend-Disco, Heavy-Metal-Konzerte oder Seniorentanztee umreißen nur grob das bunte Angebot der Initiative, die die Zeche 1977 vor der Abrissbirne bewahrte.

Zeche Carl, which celebrated its 25th anniversary in 2005, is one of the oldest and most interesting socio-cultural centres of its kind in Germany. The complex of buildings is classified as a historic monument and offers an interesting range of programmes which are popular with a wide section of the public. It hosts rock concerts and comedies, art exhibitions and themed parties, children's flea markets and youth discos, heavy metal concerts and senior citizen tea-dances, just to mention a few of the many events which saved the colliery buildings from being demolished in 1977.

Le centre socioculturel « Zeche Carl » qui a fêté son 25ième anniversaire en 2005 est l'un des plus anciens et des plus intéressants de son genre en Allemagne. Un programme couvrant une très vaste palette trouve sa place dans cet ensemble de bâtiments désormais classé monument historique et est très apprécié de toutes les couches de population. Concerts de musique rock et shows, expositions d'art et festivités à thème, marché aux puces pour enfants et disco pour les jeunes, concerts de Heavy Metal ou thés dansants du troisième âge ne sont qu'un résumé succinct des offres proposées par l'initiative qui a sauvé la houillère de la démolition en 1977.

Inzwischen seit 25 Jahren etabliert – das soziokulturelle Zentrum der Zeche Carl in Altenessen.

The socio-cultural centre of the former colliery Zeche Carl in Altenessen was first established 25 years ago.

Désormais bien établi depuis 25 ans – le centre socioculturel de la houillère « Zeche Carl » à Altenessen.

Maschinenhaus der Zeche Carl

Wo früher Dampfmaschinen Energie zur Kohleförderung erzeugten, haben heute innovative Projekte aus allen Sparten der Kunst eine Heimat. Das Maschinenhaus auf dem Gelände der Zeche Carl hat sich als ungewöhnlicher und innovativer Produktionsort der Künste einen Namen gemacht. Anders als in Museen oder Theatern steht es den Künstlern sowohl für Präsentation wie auch als Raum für die Entwicklung künstlerischer Ideen zur Verfügung. Hier spielt der Entstehungsprozess eine wichtige Rolle.

Zeche Carl Power House

Where once steam engines produced the energy needed for coal extraction, today innovative projects from the art and entertainment sector have found a home. The power house on the site of Zeche Carl has made a name for itself as a unique site which promotes staged entertainment as well as art projects in the making. In contrast to other museums or theatres, artists are invited not only to showcase their pieces but actually use the facility as a studio. Here, the process of creating art plays a central role.

La salle des machines de la houillère Carl

C'est sur le lieu où des machines à vapeur fournissaient autrefois l'énergie nécessaire à l'extraction du charbon que des projets innovants dans tous les domaines artistiques ont trouvé aujourd'hui une patrie. La salle des machines de la houillère Carl s'est fait un nom en tant que lieu de production artistique inhabituel et innovant. Contrairement à ce qui se passe dans des musées ou des théâtres, elle est à la disposition des artistes tant comme salle de présentation que comme lieu de développement d'idées artistiques. Ici, le processus de genèse joue un rôle important.

Neues Leben im ehemaligen Maschinenhaus der Zeche Carl – ein Treff für alle Generationen.

New life in the former engine rooms of Zeche Carl – it has become a meeting point for people of all ages.

Une vie nouvelle dans l'ancienne salle des machines de la houillère « Zeche Carl » – un point de rencontre pour toutes les générations.

Zeche Zollverein

Gelsenkirchener Str. 181 · 45309 Essen
Besucherzentrum: Tel.: 02 01 / 83 03 636
Fax: 02 01 / 83 03 620
E-Mail: besucherzentrum@zollverein.de
Internet: www.zollverein.de

Das Ensemble Weltkulturerbe Zollverein. Kein Museum, sondern ein Zentrum für Kultur, Arbeit, Design.

World heritage site Zollverein – a museum, as well as a major centre for culture, labour and design.

L'ensemble du patrimoine culturel mondial du « Zollverein ». Ce n'est pas un musée mais au contraire un centre de culture, de travail et de design.

Obwohl kein Sakralbau, wird die Zeche Zollverein als „Kathedrale" der Industriekultur bezeichnet. Die 1932 von Fritz Schupp und Martin Kremmer erbaute Anlage war einst das größte Steinkohlenbergwerk Europas. Seit der Stilllegung (1986) wird die Zeche Zollverein behutsam saniert. Ende 2001 wurde das Areal zum UNESCO Weltkulturerbe erhoben. Inzwischen wird hier statt Kohle Kunst und Kultur gefördert. Hochkarätige Kongresse und Konzerte finden hier statt, internationales Publikum reist an, um Architektur, Tanzperformance oder Ausstellungen zu sehen. Die spannende Entwicklung des reanimierten Zechenareals lässt kreative und innovative Institutionen wie Pilze aus dem Boden schießen. Auf dem Gelände beheimatet sind neben den separat beschriebenen Institutionen auch die Keramische Werkstatt Margarethenhöhe, die seit 1924 in Bauhaustradition arbeitet, die Geschichtswerkstatt, die ARKA Kulturwerkstatt, die Asienstiftung, das ZukunftsZentrumZollverein „Triple Z" und bald auch die Zollverein School of Management and Design, die Weltdesignmesse „Entry" sowie das RuhrMuseum.

In der ehemaligen Kohlenwäsche wird das zentrale RuhrMuseum für das Ruhrgebiet untergebracht.

The central RuhrMuseum for the Ruhr district will be located in the former coal washing plant.

C'est dans l'ancien lavoir de houille que va être installé le musée central de la Ruhr (RuhrMuseum) pour la région de la Ruhr.

Although by no means a religious building, Zeche Zollverein is referred to as a "cathedral" of industrial culture. It was constructed by Fritz Schupp and Martin Kremmer in 1932 and was once the largest colliery in Europe. After its closure in 1986, Zeche Zollverein was painstakingly renovated. At the end of 2001, the complex was inscribed on UNESCO's World Heritage list. In the meantime coal mining has given way to art and culture. International congresses and concerts are held here, and people from all over the world visit the site to marvel at the striking architecture or to enjoy the many ballet performances and exhibitions on offer. Thanks to the exciting metamorphosis of the old colliery, many creative and innovative institutions have settled here. The site has also become home to Keramische Werkstatt Margarethenhöhe, a ceramics studio which has been keeping the Bauhaus tradition alive since 1924, as well as the Geschichtswerkstatt, the ARKA Kulturwerkstatt, the Asienstiftung, the ZukunftsZentrumZollverein, also known as "Triple Z". In the near future they will be joined by the Zollverein School of Management and Design, the International Design Fair "Entry" and the RuhrMuseum.

La houillère « Zeche Zollverein »

Zollverein bei Nacht ist auch ein Open Air-Erlebnis.

At night, Zollverein opens its gates to open-air events.

La houillère « Zollverein », de nuit, est également un événement en plein air.

Bien qu'il ne s'agisse pas d'un édifice religieux, la houillère « Zeche Zollverein » est souvent désignée comme étant la « cathédrale » de la culture industrielle. Cet ensemble, qui fut construit en 1932 par Fritz Schupp et Martin Kremmer, fut autrefois la plus grande mine de houille d'Europe. Depuis sa fermeture (1986), la houillère « Zeche Zollverein » a été assainie avec ménagements. Fin 2001 toute l'aire fut élevée par l'UNESCO au rang de patrimoine culturel mondial. Aujourd'hui la promotion de l'art de la culture y ont remplacé l'extraction du charbon. Des congrès et des concerts de très haut niveau y ont lieu, un public international y vient pour voir l'architecture, des performances de danse ou des expositions. L'évolution passionnante de l'aire réanimée de la houillère fait surgir du sol, comme des champignons, des institutions créatives et innovantes. A côté des institutions décrites séparément, ce terrain héberge également l'atelier de céramique Margarethenhöhe, qui travaille depuis 1924 dans la tradition du Bauhaus, l'atelier d'histoire, l'atelier culturel ARKA, la Fondation de l'Asie (Asienstiftung), le « Triple Z » (ZukunftsZentrumZollverein) et bientôt également la « Zollverein School of Management and Design », « Entry », la foire mondiale du design et le RuhrMuseum.

Phänomania Erfahrungsfeld

Das sinnliche Erleben und Entdecken steht in der ehemaligen Maschinenhalle auf Zollverein im Mittelpunkt. An mehr als sechzig Versuchsstationen im Innen- und Außenbereich können Besucher aller Altersgruppen spielerisch tätig werden und Phänomene des Klangs, Lichts oder der Bewegung erzeugen und beobachten. Anfassen und Experimentieren sind ausdrücklich gewünscht. Der Essener Hugo Kükelhaus konzipierte das Erfahrungsfeld, um den Menschen die Bedeutung und Funktion der Sinne praktisch vor Augen führen zu können. Seine Experimente zeigte er erstmals 1967 auf der Weltausstellung in Montréal. Seit 1996 ist das erlebnispädagogische Museum in der denkmalgeschützten ehemaligen Fördermaschinenhalle „Zeche Zollverein 3/7/10" untergebracht.

Field of Experience Phänomania – designed to develop the senses

The main focus in the former engine room of Zollverein is on perception and discovery. The interior of the building and the outside area feature around sixty "test and play stations" that allow visitors of all ages to immerse themselves in the world of sound, light and movement. To touch and to experiment is very much part of the project. Essen-born Hugo Kükelhaus dreamt up the Field of Experience with the express purpose of creating a practical awareness of the significance and the function of the senses. His experiments were first introduced to the public at Expo 1967 in Montreal. The educational museum is located in the former engine rooms of Zeche Zollverein 3/7/10, which has been classified as a historic building and is home to the Essen trade and citizens' park.

Champ d'expérimentation Phänomania pour développer les sens

Le vécu et la découverte sur un mode sensoriel constituent un élément central dans l'ancienne salle des machines de la houillère « Zollverein ». Les visiteurs de tous les âges peuvent, dans les stations d'expérimentation au nombre de soixante environ qui sont réparties à l'intérieur et à l'extérieur, agir sur un mode ludique et produire et observer des phénomènes de son, de lumière ou de mouvement. Toucher et expérimenter sont expressément souhaités. C'est Hugo Kükelhaus, un citoyen de Essen, qui a conçu ce champ d'expérimentation pour démontrer de façon pratique aux individus l'importance et la fonction des sens. Il a présenté ses expériences pour la première fois au grand public en 1967 lors de l'exposition mondiale à Montréal. Le musée pédagogique du vécu est installé depuis 1996 dans l'ancienne salle des machines de la houillère « Zeche Zollverein 3/7/10 » qui est classée monument historique et qui constitue aujourd'hui le parc des citoyens et des artisans (Bürger- und Handwerkerpark).

Sinnliches Erleben in der ehemaligen Arbeitswelt von Zollverein: Das Erfahrungsfeld von Hugo Kükelhaus.

Designed to develop the senses: the Field of Experience by Hugo Kükelhaus is located in the former colliery Zollverein.

Le vécu perçu par les sens dans l'ancien monde du travail de la houillère « Zollverein » : le champ d'expérimentation de Hugo Kükelhaus.

Am Handwerkerpark 8-10 · 45309 Essen
Tel.: 02 01 / 30 10 30
Fax: 02 01 / 30 10 333
E-Mail: info@erfahrungsfeld.de
Internet: www.erfahrungsfeld.de

Kokerei Zollverein

Mächtige rote Ziegelschornsteine strecken sich gegen den stahlblauen Himmel, der Wind streift sacht durch die Zweige des Sommerflieders. Überall hat die Natur von den Industrieanlagen Besitz ergriffen. Ein herrliches Fleckchen Erde für einen Spaziergang vor fast surrealer Kulisse. Die erst 1993 stillgelegte Kokerei bildet neben den Schächten XII und 1/2/8 den dritten wichtigen Bestandteil des Weltkulturerbe-komplexes. Seit 1999 wächst neben den Birken auf dem Dach der Kokerei auch ein Solarkraftwerk. Und wenn die Sonne untergeht, dann erwartet den Besucher ein imposantes Gesamtkunstwerk. Die ganze Anlage wird spektakulär illuminiert – inszeniert von britischen Lichtkünstlern. Im Sommer tummeln sich Besucher im Kunstprojekt „Werksschwimmbad", im Winter können sie das Industriedenkmal über eine der skurrilsten Eisbahnen Europas auf Schlittschuhen erkunden.

Zollverein Coking Plant

Massive red brick chimneys stretch into the steel blue sky, whilst the wind gently ruffles the branches of summer lilac - nature has gradually reclaimed some of the area once dominated by heavy industry. It is a charming spot, perfect for a leisurely stroll along the almost surreal backdrop. The coking plant was closed as late as 1993, and together with shafts XII and 1/2/8 it is the third and major part of the complex inscribed on UNESCO's World Heritage list. The roof of the former coking plant is shared by a group of birch trees and a solar power station, introduced in 1999. After sunset, visitors are enchanted by the spectacular illuminations designed by British light artists. In summer visitors have the chance to enjoy the cool water of the art project "Werksschwimmbad", whilst in winter the industrial memorial offers endless hours of fun on one of Europe's most impressive skating rinks. It is set in a spectacular scenery of furnaces and industrial machinery.

La cokerie Zollverein

De puissantes cheminées en briques rouges s'élancent vers le ciel bleu acier, le vent caresse doucement les branches du buddleia. Partout la nature a pris possession des installations industrielles. Un coin idéal pour une promenade devant des coulisses presque surréalistes. La cokerie, qui n'a cessé son activité qu'en 1993, constitue avec les puits de mines XII et 1/2/8 le troisième élément important de l'ensemble du patrimoine culturel mondial. Depuis 1999, on voit pousser sur le toit de la cokerie, en plus des bouleaux, une centrale hélio-électrique. Et, lorsque le soleil se couche, c'est une œuvre d'art globale imposante qui attend le visiteur. Tout l'ensemble est illuminé de façon spectaculaire, une mise en scène réalisée par des artistes britanniques spécialisés dans les effets de lumières. En été les visiteurs s'ébattent dans le projet artistique « Werksschwimmbad » (mot-à-mot : piscine d'usine) et en hiver il peuvent explorer le mémorial industriel en patins à glace sur l'une des patinoires les plus loufoques d'Europe.

Arendahls Wiese
45141 Essen
Tel.: 02 01 / 83 01 275
E-Mail:
info@industriedenkmal-stiftung.de
Internet:
www.industriedenkmal-stiftung.de

1.000 m lang – die Kokerei von Zollverein. Heute ein Ort vieler spannender Events.

The coking plant of the former colliery Zollverein was 1,000 metres long – today it has become a site for many exciting events.

1.000 mètres de longueur – la cokerie de la houillère « Zollverein ». Aujourd'hui le lieu d'événements passionnants.

Kurioses aus dem Alltag der Kumpels findet der Besucher im Kunstschacht Katernberg auf Zollverein. Hier arbeitet und lebt der Künstler und Autor Thomas Rother.

The artificial pit in Zollverein Katernberg provides visitors with an exciting insight into the everyday life of coal miners. It has also become home to the artist and author Thomas Rother.

Le visiteur trouvera des éléments curieux de la vie quotidienne des mineurs dans le puits des arts Katernberg (Kunstschacht Katernberg) à la houillère « Zollverein ». C'est ici que travaille et vit Thomas Rother, artiste et écrivain.

Kunstschacht Katernberg

Auf Zollverein I/II, dem Kunstschacht, geht es unprätentiös zu. Hier lebt und arbeitet der Künstler und Autor Thomas Rother seit Jahren auf 7.000 qm in einer alten Industrieanlage. Wo einst eine riesige Dampfmaschine den Strom für Zollverein ermöglichte, kann jetzt eine kuriose Ansammlung von Bergbaurelikten aller Art bestaunt werden. Die heilige Barbara, Schutzpatronin der Bergleute, ist überall präsent. Daneben Warnschilder, Grubenlampen, Kleinodien. Die Kunstwerke von Thomas Rother stehen in reizvollem Kontrast zu dem Bergbau-Sammelsurium und bestechen durch ihren rauen Charme.

Thomas Rother
Bullmannaue 21 · 45327 Essen
Tel.: 02 01/ 30 48 81

Kunstschacht Katernberg

Kunstschacht Zollverein I/II is a very down to earth place. Artist and author Thomas Rother has been working and living here for several years now - in the former industrial complex spanning 7,000 square metres. Where once a vast steam engine provided power for the Zollverein colliery, a museum has been created, showing an impressive collection of relics from the past, when coal mining and heavy industry reigned supreme. Saint Barbara, patron of the coal miners, is very much in evidence, together with warning signs, pit lamps and many other treasures. The rugged charm of the art work created by Thomas Rother offers a fascinating contrast to the extensive and diverse collection of coal mining artefacts.

Le puits des arts Katernberg

Au « Zollverein I/II », le puits des arts, tout est sans complications. C'est ici que vit et travaille Thomas Rother, artiste et auteur, depuis des années sur 7.000 m² dans une ancienne installation industrielle. Là où autrefois une gigantesque machine à vapeur fournissait l'énergie pour la houillère « Zollverein », on peut aujourd'hui admirer en s'étonnant une curieuse accumulation de reliques de tous genres de l'exploitation des mines. Sainte Barbe, la patronne des mineurs, est présente partout. A côté d'elle des panneaux avertisseurs, des lampes de mineur, des joyaux. Les œuvres d'art de Thomas Rother forment un contraste intéressant avec le salmigondis minier et séduisent par leur charme revêche.

PACT Zollverein

Eine der wohl kuriosesten Bühnen befindet sich in der ehemaligen Waschkaue des Weltkulturerbes Zollverein: PACT Zollverein ist Entwicklungs-, Produktions- und Aufführungsort für Tanz, Theater und Medienperformances. Die Institution konfrontiert Künstler und Publikum gleichermaßen mit aktuellen Entwicklungen der zeitgenössischen Kunst und stellt die Förderung und Qualifizierung junger Kreativer in den Vordergrund. Das Fundament für neue Choreografien bilden weltweit ausgeschriebene Residenzen, Ateliers, Workshops und interdisziplinäre Symposien.

Bullmannaue 20 · 45327 Essen
Tel.: 02 01 / 28 94 700 · Fax: 02 01 / 28 94 701
E-Mail: info@pact-zollverein.de · Internet: www.pact-zollverein.de

PACT Zollverein

One of the most unique stages can be found in the former wash house of Zollverein, the UNESCO's World Heritage. PACT Zollverein has become a centre for the development, production and staging of dance, theatre and media performances. The location confronts artists and audiences alike with the latest developments in contemporary art and is committed to promoting the creativity of up-and-coming artists. The new and exciting choreographies are created in international workshops, studios and interdisciplinary symposiums.

PACT Zollverein

L'une des installations scéniques les plus curieuses se trouve dans les anciens bains-douches de l'élément du patrimoine culturel mondial qu'est la houillère « Zollverein » : PACT Zollverein est un lieu de développement, de production et de représentation pour la danse, le théâtre et les performances médiatiques. L'institution confronte au même titre les artistes et le public à des développements récents de l'art contemporain et elle place au premier plan la promotion et la qualification de jeunes créateurs. Des séminaires, ateliers, workshops et symposiums interdisciplinaires mis au concours dans le monde entier constituent la base de nouvelles chorégraphies passionnantes.

Auf Einladung des Initiativkreises Ruhrgebiet gastierte im PACT Zollverein die mehrfach mit Kulturpreisen ausgezeichnete Choreografische Werkstatt Gabriele Voigt. Darstellerisch durch die Theatergruppe um Angelika Stodt erweitert, zeigten die jungen Künstler das Tanztheater „Die Letzte Welt".

At the invitation of the Initiativkreis Ruhrgebiet, winner of a number of cultural awards Choreografische Werkstatt Gabriele Voigt made a guest appearance in PACT Zollverein. Together with the Angelika Stodt theatre group, the young artists presented "The Last World".

C'est sur une invitation de l'association « Initiativkreis Ruhrgebiet » que la troupe de l'atelier de chorégraphie Gabriele Voigt, dotée de plusieurs prix de la culture, a donné une représentation au « PACT Zollverein ». Les jeunes artistes présentèrent, avec le soutien du groupe théâtral d'Angelika Stodt, la pièce théâtrale et musicale « Die letzte Welt ».

Einblicke in eine Welt der Utopien und Träume will der Palast der Projekte im ehemaligen Salzlager der Kokerei Zollverein vermitteln – aufgelegt von Ilya und Emilia Kabakov.

The Palast der Projekte unlocks a world of utopia and dreams. It is located in the former salt storage site of Zollverein and was created by Ilya and Emilia Kabakov.

Le palais des projets – créé par Ilya und Emilia Kabakov – dans l'ancien entrepôt de sel (Salzlager) de la cokerie de la houillère Zollverein veut nous ouvrir une vue sur un monde des utopies et des rêves.

Palast der Projekte

Im „Salzlager" der Kokerei Zollverein lädt der „Palast der Projekte" von Ilya und Emilia Kabakov in eine Welt der Utopien und Träume ein. Die Atmosphäre in dem düsteren Gebäude ist so feierlich, dass hier gelegentlich sogar geheiratet wird. In die dunkle und strenge Industriearchitektur hat das russisch-amerikanische Künstlerpaar ein riesiges zart durchscheinendes Schneckenhaus gesetzt. Hell erstrahlt es in der dunklen Halle und weist Besuchern den Weg. Für den Palast der Projekte braucht man Zeit. Die hier ausgestellten kleinen Modelle erzählen unschuldige Geschichten von einer besseren Welt. Von Engeln und fantastischen Experimenten. Sie zaubern ein Lächeln auf das Gesicht der Besucher und lassen für Stunden den Alltag vergessen. So ist man nach intensiver Betrachtung gewillt, ein besserer Mensch zu werden.

Arendahls Wiese · 45141 Essen
Tel.: 0700/ 33 77 25 278
E-Mail: info@projektpalast.de
Internet: www.projektpalast.de

Palace of Projects

In the salt works of the Zollverein coking plant the "Palast der Projekte" conceptualised by Ilya and Emilia Kabakow invites the visitor into a world of dreams and fantasies. The atmosphere in this sedate building is quite festive, so much so that the salt works have even been used for the occasional wedding ceremony. The Russian-American artists have transformed the forbidding industrial architecture by placing a vast, delicately transparent snail shell into the dark hall. The illuminated object shows visitors the way. To discover and enjoy the thousand and more treasures of the "Palast der Projekte" takes time. The miniature models on display tell innocent tales of a better world, a world of angels and fantastic experiments. They are certain to conjure up smiles, and for some hours the drudgery of everyday life is forgotten. Having become absorbed in this world of fantasy, many leave the Palace vowing to lead a better life.

Le palais des projets

Dans l'entrepôt de sel de la cokerie « Zollverein », le « Palais des projets » de Ilya et Emilia Kabakov invite dans un monde d'utopies et de rêves. L'atmosphère dans ce bâtiment lugubre est si solennelle qu'on y célèbre même parfois des mariages. Le couple d'artistes américano-russe a placé dans cette architecture industrielle sombre et sévère une gigantesque coquille d'escargot légèrement translucide. Elle brille d'un feu clair dans la halle sombre et montre le chemin aux visiteurs. Pour le palais des projets, il faut avoir du temps. Les petits modèles qui sont exposés ici racontent des histoires innocentes d'un monde meilleur. Ils parlent d'anges et d'expériences fantastiques. Ils font apparaître comme par magie un sourire sur le visage des visiteurs et font oublier le quotidien pour des heures entières. Et, après les avoir longuement contemplés, on souhaite devenir un meilleur individu.

red dot design museum

Hier wird Alltägliches zum Kultgegenstand. Neben Wasserhähnen und edlem Interieur sind sogar Autos und Bohrmaschinen ausgestellt. Gemeinsam ist den höchst unterschiedlichen Exponaten ihr vorbildliches Design, für das sie mit dem international begehrten und anerkannten Roten Punkt ausgezeichnet wurden. Das Museum zeigt die weltweit größte und wohl auch ungewöhnlichste Ausstellung zeitgenössischen Designs. Auf mehr als 4.000 qm Fläche werden rund 1.000 Produkte aus aller Welt präsentiert. Mit seinem Sitz im Kesselhaus des Weltkulturerbes Zollverein ist das Museum zu einer Pilgerstätte für Kultur-, Architektur- und Designliebhaber der ganzen Welt geworden.

red dot design museum

This is where everyday items become cult objects. Next to taps, fittings and sophisticated interior designs, the exhibition includes exhibits such as cars and drilling machines. The exhibits have one thing in common - they all won the internationally coveted red dot award, bestowed for outstanding product design. The museum presents the most extensive and unique exhibition of contemporary design worldwide. Roughly 1,000 products from all over the world are presented in an area of 4,000 square metres. The museum has found a home in the boiler house of Zeche Zollverein, which has been inscribed on UNESCO's World Heritage list. Visitors from all over the world interested in culture, architecture and design pay homage to the outstanding exhibits.

red dot design museum

Ici les objets du quotidien deviennent objets « culte ». A côté de robinets et d'éléments de décoration intérieure, on y expose même des voitures et des perceuses électriques. Ce que les pièces exposées extrêmement diverses ont de commun, c'est leur design exemplaire qui leur a valu d'être décorées du fameux Point Rouge (« red dot »), une distinction très prisée et reconnue à l'échelon international. Le musée présente l'exposition qui est sans doute la plus grande et la plus inhabituelle du monde de design contemporain. On y rencontre, sur plus de 4.000 m2 de superficie, près de 1.000 produits du monde entier. Avec son siège installé dans l'ancienne chaufferie du patrimoine culturel mondial « Zollverein », le musée est devenu un lieu de pèlerinage pour les amateurs de culture, d'architecture et de design du monde entier.

Gelsenkirchener Straße 181 · 45309 Essen
Tel. 02 01 / 30 10 40 · Fax: 02 01 / 30 10 440
E-mail: info@dznrw.com
Internet: www.design-germany.de oder www.red-dot.de

Internationales Format bietet das NRW-Designzentrum im ehemaligen Kesselhaus von Zollverein, das Sir Norman Foster umbaute. Hier trifft sich die Welt des red dot ebenso wie Top-Designer aus aller Welt.

The Design Centre of North Rhine-Westphalia has become world renowned. Redeveloped by Sir Norman Foster, it is now a venue for the famous red dot awards and a meeting place for top designers from all over the world.

Le centre de design (Designzentrum) du land de Rhénanie du Nord-Westphalie dans l'ancienne chaufferie de la houillère « Zollverein », qui a été transformé par Sir Norman Foster, fonctionne au niveau international. On y rencontre ici les milieux du « red dot » tout comme les designers de pointe du monde entier.

Das Medien- und Kulturzentrum in der City: Die moderne Stadtbibliothek im Gildehof.

Media and cultural centre in the city centre – the modern city library in Gildehof.

Le centre médiatique et culturel dans la cité : la bibliothèque municipale moderne dans le Gildehof.

Wirtschaft mit Weitsicht: Auch Unternehmen setzen Kulturzeichen.

An eye to the future: corporations promote cultural projects.

L'économie voit loin : des entreprises posent, elles aussi, des accents culturels.